Félix Lope de Vega y Carpio

La esclava
de su galán

Créditos

Título original: La esclava de su galán.

© 2024, Red ediciones S.L.

e-mail: info@red-ediciones.com

Diseño de cubierta: Michel Mallard.

ISBN tapa dura: 978-84-1126-226-2.
ISBN rústica: 978-84-9816-830-3.
ISBN ebook: 978-84-9897-697-7.

Cualquier forma de reproducción, distribución, comunicación pública o transformación de esta obra solo puede ser realizada con la autorización de sus titulares, salvo excepción prevista por la ley. Diríjase a CEDRO (Centro Español de Derechos Reprográficos, www.cedro.org) si necesita fotocopiar, escanear o hacer copias digitales de algún fragmento de esta obra.

Sumario

Créditos _____ 4

Brevísima presentación _____ 7
   La vida _____ 7

Personajes _____ 8

Jornada primera _____ 9

Jornada segunda _____ 49

Jornada tercera _____ 89

Libros a la carta _____ 135

Brevísima presentación

La vida

Félix Lope de Vega y Carpio (Madrid, 1562-Madrid, 1635). España. Nació en una familia modesta, estudió con los jesuitas y no terminó la universidad en Alcalá de Henares, parece que por asuntos amorosos. Tras su ruptura con Elena Osorio (Filis en sus poemas), su gran amor de juventud, Lope escribió libelos contra la familia de ésta. Por ello fue procesado y desterrado en 1588, año en que se casó con Isabel de Urbina (Belisa). Pasó los dos primeros años en Valencia, y luego en Alba de Tormes, al servicio del duque de Alba. En 1594, tras fallecer su esposa y su hija, fue perdonado y volvió a Madrid.

Entonces era uno de los autores más populares y aclamados de la Corte. La desgracia marcó sus últimos años: Marta de Nevares una de sus últimas amantes quedó ciega en 1625, perdió la razón y murió en 1632. También murió su hijo Lope Félix. La soledad, el sufrimiento, la enfermedad, o los problemas económicos no le impidieron escribir.

Personajes

Don Juan, estudiante
Don Fernando, padre de don Juan
Antonio, criado
Leonardo, caballero
Pedro, de gorrón
Alberto, de soldado
Elena, dama
Serafina, dama
Ricardo
Finea, esclava
Inés, criada
Fabio, lacayo
Florencio
Notario

Jornada primera

(Salen Doña Elena, dama, y Don Juan, estudiante.)

Doña Elena	Esto se acabó, don Juan.	
Don Juan	No es ese lenguaje tuyo, y de ese término arguyo que mal consejo te dan.	
Doña Elena	Eso de argüir es bueno para escuelas.	5
Don Juan	Novedad. Elena, tu voluntad sin argumentos condeno.	
Doña Elena	Confieso que la he tenido.	
Don Juan	Qué mala suposición.	10
Doña Elena	Pues yo, don Juan, ¿qué lición, qué facultad he leído?	
Don Juan	Aguardo la consecuencia.	
Doña Elena	Habla como para mí.	
Don Juan	¿Qué puedo hablar para ti con tan cansada licencia?	15
Doña Elena	¿Quieres que la tome yo y te diga lo que siento?	

Don Juan	Prosigue, que estoy atento.	
Doña Elena	¿Pues has de enojarte?	
Don Juan	No.	20
Doña Elena	Yo soy hija, don Juan, de un hombre indiano,	
	hidalgo montañés, muy bien nacido;	
	diome su luz el cielo mexicano,	
	que fue para nacer mi patrio nido.	
	Mas la fortuna, resistida en vano	25
	por sucesos que ya los cubre olvido,	
	le trujo a España con alguna hacienda,	
	o persuadido de su amada prenda.	
	Divídese Sevilla, como sabes,	
	por este ilustre y caudaloso río;	30
	senda de plata, por quien tantas naves	
	le reconocen feudo y señorío.	
	Es esta puente de maderos graves,	
	sin pies que toquen a su centro frío,	
	mano que las dos partes, divididas	35
	por una y otra orilla, tiene asidas.	
	Hizo elección mi padre de Triana,	
	patria de algún emperador romano,	
	para vivir, la causa fue una hermana,	
	o por no se meter a ciudadano.	40
	Finalmente, pagó la deuda humana	
	con su mujer, el venerable anciano,	
	dejándome, ni rica ni tan pobre,	
	que el sustento me falte ni me sobre.	
	Aquí he vivido con tan gran recato	45
	que se puede escribir por maravilla;	
	pues que de Triana, verdad trato,	
	pasé dos veces solas a Sevilla.	

Pienso que ansí mi condición retrato,
pues habiendo de aquesta a aquella orilla   50
paso tan breve a dividir sus olas,
a Sevilla pasé dos veces solas,
una con gran razón a ver la cara
del Sol de España, que nos guarde el cielo,
porque estando en Sevilla se agraviara,   55
si no la viera la lealtad y el celo.
Otra, por ver la máquina tan rara
del monumento a la mayor del suelo;
de suerte que fui a ver cuanto se encierra
de grandeza en el cielo y en la tierra.   60
Mas, como siempre en los mayores días
las desventuras suelen ser mayores,
tú, que tan libre como yo venías,
viste en mí la ocasión de tus errores.
Seguísteme a Triana, y las porfías   65
de tus paseos escribiendo amores,
aunque rasgué con justo enojo algunos,
mostraron lo que vencen importunos.
Yo te escribí para decirlo en breve,
y yo también te amé, porque entendía   70
que al casamiento que al honor se debe,
tu amor el pensamiento dirigía.
Con esto el necio mío ya se atreve
a darte entrada como a prenda mía,
entras con libertad y en este medio   75
hallo que es imposible mi remedio.
Dicen que vale cinco mil ducados
la prebenda eclesiástica que tienes,
y que ya de tu padre los cuidados,
no se entienden a más de que te ordenes.   80
Si tú pensaste que sin ser casados,
porque a Triana de Sevilla vienes,

tengo yo de perder el honor mío,
mal consejo te dio tu desvarío.
Ayer lo supe, y ese mesmo día 85
vino mi tío de Jerez, que estimo
por padre, el cual dispensación traía
para casarme luego con mi primo.
Y como yo tu ingratitud sabía,
a darle el sí, con lágrimas me animo, 90
y hoy parte por su hijo y por mi esposo,
porque dentro de un mes será forzoso.
¿Cuál hombre noble hubiera entretenido
una mujer de prendas con engaños,
habiendo de ordenarse, aunque hoy han sido 95
claros de tu maldad los desengaños?
Pensásteme burlar mi honor vencido,
pues si gastaras infinitos años
en locuras de amor, no me vencieras
si Ulises fueras, si Narciso fueras. 100
Yo estoy, don Juan, resuelta, y es más justo,
como estado tan alto, que te ordenes,
porque es razón, y es de tu padre gusto.
De renta, cinco mil ducados tienes.
Yo perdono el engaño, aunque fue injusto, 105
que un pecho de traiciones ofendido
volando pasa desde amor a olvido.

Don Juan	Elena, a tantas verdades,	
	¿qué respuesta darte puedo,	
	pues que todas las concedo	110
	sin poner dificultades?	
	Mas, ¿por qué te persuades	
	que mi verdad te engañó?,	
	pues cuando te quise yo,	
	ni la prebenda tenía,	115

ni más que amarte sabía,
que es lo que amor me enseñó.
Mi padre alcanzó después
la renta de que yo estaba
seguro, cuando buscaba 120
más bien ni más interés
que merecer esos pies;
Dios sabe si lo sentí;
y si parte no te di
fue porque no quise, Elena, 125
que partiéramos la pena
que era sola para mí.
Pasó adelante mi amor
encubriendo mi desdicha,
no empeñándote a más dicha 130
que algún honesto favor;
pero si por ser traidor
tomas venganza en casarte,
bien puedes desengañarte
de que amor me ha permitido 135
que me hubiese sucedido
con que poder obligarte.
¿Ves la renta y ves también
de mi padre el justo enojo?,
pues de todo me despojo, 140
aunque mil muertes me den.
¿Será entonces querer bien,
o mentira si me obligo,
para cumplir lo que digo?
Mira si es prueba de fe, 145
pues todo lo dejaré
y me casaré contigo.
¿Puede hacer mayor fineza
un hombre por lo que adora?

	¿Creerás entonces, señora,	150
	lo que estimo tu belleza?	
	Dirás tú que es más riqueza	
	ser, Elena, mi mujer,	
	y sabré yo responder	
	que aun el propio ser perdiera,	155
	si no siendo, ser pudiera,	
	que fuera tuyo, sin ser.	
	Pues quien dijera por ti	
	el propio ser en que vive,	
	no hará mucho en que se prive	160
	de lo que es fuera de sí.	
	Yo voy a hablar desde aquí	
	a quien licencia nos dé.	

Doña Elena   Detente.

Don Juan   Ya no podré.

Doña Elena   ¿Qué intentas?

Don Juan   Tú lo verás.   165

Doña Elena   ¿Loco estás?

Don Juan   No puedo más.

Doña Elena   Mira tu honor,

Don Juan   ¿Para qué?

Doña Elena   ¿Tanta renta no es error?

Don Juan   ¿No has visto un niño que viene

	a dar un doblón que tiene	170
	porque le den una flor?	
	Pues haz cuenta que mi amor,	
	que amor en nada repara,	
	como el ejemplo declara	
	si lo que ve le contenta,	175
	es niño y deja la renta	
	por el clavel de tu cara.	

(Vase.)

Doña Elena   Aunque es verdad que también deseo,
             quiero tanto a don Juan, que me ha pesado
             de que quiera entrar precipitado,   180
             esta locura por mi humilde empleo.
             Pero el grande peligro en que me veo,
             amando amada sin tomar estado,
             animando el temor, templa el cuidado,
             y me parece que mi bien poseo.   185
             Gran fineza de amor, pero cumplida,
             tantas desdichas pueden ofrecerse,
             que en dejar a don Juan me va la vida,
             mejor es apartarse, que ofenderse.
             Que una mujer que quiere y es querida,   190
             ¿en qué puede parar sino en perderse?

(Vase, y salen Don Fernando, padre de Don Juan, y Antonio.)

Antonio   Como si fuera mía, me ha pesado.

Don Fernando   Pues a mí no me da mucho cuidado;
               hacienda tengo, gracias a los cielos.

Antonio   Que no puedan armadas, ni desvelos,   195

	contra aquestos rebeldes holandeses.	
Don Fernando	Ayudan los ingleses, mas no siempre suceden sus fortunas con tal prosperidad, que si hay algunas en su favor, nuestro descuido ha sido.	200
Antonio	El Draque muerto y a quien es vencido, basta que agora a la memoria aplique.	
Don Fernando	Más cerca, en Puerto Rico, el Conde Enríquez, sin otras mil vitorias.	
Antonio	En Cádiz y el Brasil, ¿qué os han tomado?	205
Don Fernando	Diez mil pesos serían, y han quedado, gracias a Dios, cien mil; y solamente para don Juan, mi hijo.	
Antonio	Nadie siente bien de vuestra elección, siendo tan rico.	
Don Fernando	A la Iglesia le aplico, y trato de ordenalle brevemente, por causas que me obligan, que no a todos es bien que se las diga. Tiene de renta cinco mil ducados que vale la prebenda, y mis cuidados le llegarán a diez, a lo que creo.	210 215
Antonio	El estado es tan alto que su empleo no puede ser mayor, pero quisiera que vuestra casa subcesión tuviera, dilatada a los nietos.	

Don Fernando	Este intento nace de aborrecer el casamiento.	220
Antonio	¿Por qué razón no es cosa justa?	
Don Fernando	Y tanto, que es sacramento santo. Pero, pues sois mi amigo, estad atento, que quiero, y es razón, satisfaceros.	225
Antonio	Y yo escucharos más que reprehenderos.	
Don Fernando	Pasé a las Indias, mozo y con hacienda. Casé con una dama y, aun hermosa, cansome, Antonio, como propia prenda, que en conquistar mi amor no fue dichosa. Llevando, pues, la edad suelta rienda, me enamoré de una criolla airosa y no muy linda, así en el mundo pasa, por lo feo, dejar lo hermoso en casa. Esto de los conjuros que sabía, aunque es necia disculpa de casados, de suerte enloqueció mi fantasía, que el depósito fue de mis cuidados. Tuve en ella a don Juan, que no tenía hijos de mi mujer; con que elevados quedaron mis sentidos, qué locura, que quien todo lo acaba, no lo cura.	230 235 240
Antonio	Admiración me ha causado que bastardo sea don Juan.	
Don Fernando	¿Qué pierde, rico y galán,	245

	si el Rey le ha legitimado?	
Antonio	¿Qué hace agora?	
Don Fernando	Pasando está en mi huerta.	
Antonio	Estudioso mancebo.	
Don Fernando	Es tan virtuoso, que siempre le estoy rogando deje el estudio, y porfía, y agora debe de ser, porque presto ha de tener un acto de teología. Caso estraño, maravilla rara que este mozo sea tan honesto, que no vea una mujer en Sevilla, habiendo tanta hermosura. En esto no me parece	250

255

260 |

(Sale Leonardo, caballero.)

Leonardo	Justo parabién merece, y ha sido mucha cordura. Estoy, señor Don Fernando, enojado con razón, ¿cómo en tan grande ocasión os olvidáis, despreciando la amistad y vecindad?	265
Don Fernando	De la plata que he perdido,	

	daros cuenta hubiera sido pesadumbre, y no amistad.	270
[Leonardo]	De la plata no sé nada, pésame si os alcanzó parte, lo que digo yo es cosa en razón fundada, pues que casando a don Juan, lo hacéis con tanto secreto.	275
Don Fernando	Si es burla, ¿para qué efeto?	
Leonardo	Burla si él y Pedro están pidiendo que, por temor, vuestra licencia le den sin que se amoneste.	280
Don Fernando	Bien, gracioso engaño.	
Leonardo	Y mayor el no lo creer ansí, pues a el juez han informado que le mataréis airado si lo sabéis.	285
Don Fernando	¿Don Juan?	
Leonardo	Sí.	
Don Fernando	¿Vístelo?	
Leonardo	Si no lo viera, ¿os lo viniera a decir?	

(Salen Don Juan y Pedro de gorrón.)

Don Juan	En fin, ¿mandó recibir nuestra información?	
Pedro	Espera, que está mi señor aquí, no entienda lo que tratamos, que en grande peligro estamos, que si lo sabe, ¡ay de ti!	290
Don Fernando	Don Juan.	
Don Juan	Señor.	
Don Fernando	Yo pensé, hijo, que pasando estabas en la huerta.	295
Don Juan	De allá vengo, tanto deseo que salga este acto de teología, para tu honor y mi fama.	300
Don Fernando	Bien dices, bien se confirma con el cuidado que andas de casarte, pues que ya secreta licencia sacas.	
Pedro	¡Zape!	
Don Juan	¿Yo, señor, qué dices?	305

Pedro	Viuit Dominus que estaba, quando intrabimus per portam soplauerunt en la sala.
Don Fernando	Hijo, no recibas pena, ni las colores te salgan 310 al rostro, que en dar estado mucho los padres se engañan contra el gusto de los hijos. Dime, por Dios, si te casas; que cien mil ducados tengo, 315 tu padre soy, ¿por qué causa fías tu secreto a un mozo, y de tu padre te guardas? ¿Hay otra luz en mis ojos, ni otros ojos en mi cara? 320
Don Juan	Señor.
Don Fernando	No te turbes, di.
Pedro	Confiesa, señor, ¿qué aguardas? advierte que decir que eres oculorum de su cara.
Don Juan	Señor, si verdad te digo, 325 por tu gusto me ordenaba. Yo no soy para la iglesia, cásome con una dama virtuosa y bien nacida, aunque pobre.
Don Fernando	Esas palabras 330 han salido de tu boca

| | sin que yo te saque el alma.
Fuera. | |
|---|---|---|

(Saca la espada.)

| Leonardo | ¿Estáis en vuestro seso?,
¿para vuestro hijo espada? | |
|---|---|---|
| Don Juan | Señor Don Fernando. | |
| Don Fernando | Fuera. | 335 |
| Pedro | Cogebitur en la trampa. | |
| Leonardo | Teneos. | |
| Don Fernando | ¿Qué he de tenerme?,
¡vil bastardo!, ¿ansí se hallan
cinco mil ducados?, ¡fuera! | |
| Pedro | ¿Bastardos los padres llaman
lo que ellos hacen?, que estotro,
como él le hiciera en su casa,
¿qué le costaba salir
más por mujer que por dama? | 340 |
| Don Juan | Señor, pues quisiste bien,
cuando sin disculpa andabas
con la madre que me diste,
¿por qué mis años infamas?
¿Tengo yo culpa de ser
bastardo? | 345 |
| Pedro | Veritas clara. | 350 |

Don Fernando	Ahora bien, por los presentes,
	con la infame vida escapas,
	vete de Sevilla luego,
	que la hacienda que pensaba
	dejarte, al primer convento 355
	la dejaré, por mi alma.
	Hola, echadle esos vestidos
	y libros por la ventana,
	Idos, pícaro.
Pedro	Señor,
	yo no me caso.
Don Fernando	Si a casa 360
	volvéis, yo os haré colgar
	de una reja.
Pedro	Qua de causa,
	¿soy yo pierna de carnero?
Don Fernando	Ea, los bastardos vayan
	al Rollo de Écija.
Pedro	¿Yo? 365
	Mas, que también me levanta
	que nos hizo a los dos juntos.
Leonardo	Mirad señor que se para
	gente a escuchar vuestras voces,
Antonio	Entraos señor, que ya basta. 370

(Éntranse y quedan Don Juan y Pedro.)

Pedro	¡Buenos quedamos!
Don Juan	¿Qué quieres?, como eso los hombres pasan por amor.
Pedro	Si fuera amor persona, como es pantasma, 375 ¡que de veces me le hubiera dado dos mil cuchilladas! ¡Al Rollo de Écija a un hombre que mañana se ordenaba de vísperas!, vivit Dominus, 380 que ha de ir a Roma, eso pasa, ¿qué habemos de hacer?
Don Juan	Morir.
Pedro	Las puertas cierran.
Don Juan	Cerradas debe de tener también, quien las cierra, las entrañas. 385
Pedro	Qué cerca estás de llorar.
Don Juan	¿Pues de eso, Pedro, te espantas? Ayer un coche y criados, casa, hacienda, padre y galas, y hoy cerradas estas puertas. 390
Pedro	Presto se abrirán, si llamas, con decir que te arrepientes,

	y que te ordenen mañana.	
Don Juan	Aunque mil muertes me den,	
	de proseguir no dejara	395
	el casamiento de Elena.	
Pedro	Desde la Elena troyana,	
	ha quedado por herencia	
	quemar Troyas, perder casas.	
	Mas quiero darte un consejo.	400
Don Juan	Cómo.	
Pedro	Deja la sotana,	
	y viste galas y plumas,	
	finge que te vas a Italia	
	y entra a pedirle la mano,	
	que es padre y hará en el alma	405
	cosquillas de ausencia.	
Don Juan	He visto	
	gran crueldad en sus palabras.	
Pedro	No creas en esas furias,	
	pídele la mano y saca	
	por fuerza una lagrimilla,	410
	que se la moje al tomalla,	
	que tú le verás más tierno	
	que una cocida patata,	
Don Juan	¿Y si no puedo llorar?	
Pedro	Lleva la valona untada	415
	de la mano con cebolla,	

	y haz que te limpias, que basta para que llores seis días.	
Don Juan	¡Oh, Elena!, ioh, bien empleada pena! Ayude tu hermosura el ánimo que desmaya, ver lo que pierdo por ti.	420
Pedro	Ya arrojan por las ventanas tus vestidos.	

(Arrojan los vestidos y libros, y otras cosas.)

Don Juan	Bravo enojo.	
Pedro	Anda la mar alterada y aligeran el navío. Voy a buscar mi sotana, Don Juan Ay, Dios, si se han de perder de doña Elena las cartas, y una cinta de cabellos.	425 430
Pedro	¡Qué joyas!	
Don Juan	Joyas del alma.	
Pedro	Cierto que hay almas buhuneras, pues andan siempre cargadas de cintas y de papeles.	
Don Juan	¡Ay, mi Elena!	
Pedro	¡Ay, mi sotana!	435

Don Juan	¡Ay, papeles!
Pedro	¡Ay, greguescos!
Don Juan	¡Ay, mis cintas!
Pedro	¡Ay, mi cama!
Don Juan	Quien supiere que es amor,
	apruebe mis esperanzas;
	quien no, diga que estoy loco, 440
	pues quedo con sola el alma.

(Vanse.)

(Salen Serafina, dama, y Ricardo, y Finea con manto.)

Serafina	¿No me habéis de acompañar?
Ricardo	La vida, señora mía,
	podéis, no la cortesía,
	aborreciendo quitar. 445
Serafina	No son las calles lugar
	para tratar casamientos.
Ricardo	Si se han de dar a los vientos
	por vuestro injusto rigor,
	¿desde dónde irán mejor 450
	a sus propios elementos?
Serafina	Dejadme pasar.

Ricardo	Teneos, y no recibáis enojos, que por vida de esos ojos de no hablar en mis deseos.	455
Serafina	¿Pues en qué?	
Ricardo	Vuestros empleos, ¿eran materia sin mí?	
Serafina	¿Y que me diréis ansí?	
Ricardo	Que estáis muy mal empleada.	
Serafina	¿Y estuviera mejorada en vós?	460
Ricardo	Presumo que sí, no porque haya en don Juan muy grandes merecimientos, vuestros altos pensamientos, mirad vós que fin tendrán, con quien mañana se ordena, pues, ¿qué loco amor condena una mujer principal a que se quede tan mal que se quede con su pena? Toda acción se comprehende del fin falso o verdadero; todo discreto, primero, mira el fin de lo que emprende, que lo que espera no entiende, disculpa tiene del daño, porque espero con engaño,	465 470 475

	donde en fin oculto está,	
	mas, ¿qué disculpa tendrá	
	quien ama con desengaño?	480
Serafina	Yo, Ricardo, ya que os veo	
	conmigo tan declarado,	
	que en vez de vuestro cuidado	
	me decís mi propio empleo,	
	satisfaceros deseo.	485
	Don Juan se crió conmigo,	
	fue su padre gran amigo	
	del mío y lo es de Leonardo,	
	mi hermano.	
Ricardo	Más causa aguardo.	
Serafina	¿Qué mayor de la que digo?	490
	Creció el amor con la edad;	
	porque, ¿quién imaginara	
	que tan presto comenzara	
	su oficio la voluntad?	
	Al principio fue amistad,	495
	simple, honesta ignorancia,	
	pero la perseverancia	
	juntó las cosas distantes,	
	y desde amigos a amantes	
	no hay un paso de distancia.	500
	Queríame bien don Juan,	
	pagábale yo también,	
	pero en medio de este bien,	
	que bienes presto se van,	
	o fue, como era galán,	505
	admitido de otra dama,	
	cuyas perfecciones ama,	

o yo le desagradé;
que aunque él lo niega, lo sé
que me aborrece y desama. 510
Hágole seguir de día
y de noche, caso estraño
que no tome el desengaño
quien tanto hallarle porfía,
ni en casa de amiga mía 515
largas visitas dilata,
ni con sus amigos trata,
ni le han visto hablar, ni ver,
en calle o campo mujer,
y con tibiezas me matas. 520
Muerta entre tantos desvelos,
sin saber qué puede ser,
soy la primera mujer
que tiene celos sin celos.
Asegura mis recelos 525
con regalarme y jurar,
en oyéndome quejar;
pero en materias penosas
no hay cosas más sospechosas
que el jurar y el regalar. 530
Aquí viene la elección
de su padre, y aquí viene
pensar que el amor no tiene
amistad con la razón.
Bien sé que mi pretensión 535
ningún fin puede tener,
pero, ¿quién ha de poder,
amando, dejar de amar,
si hay tantas leguas que andar
desde amar a aborrecer? 540
Esta, pues habéis querido

saberla, fue la ocasión.
Pude amar por la razón,
Ricardo, que habéis oído,
pero no dar al olvido 545
tantos años de amistad,
que hay mucha dificultad
en mudar el pensamiento,
cuando está el entendimiento
sujeto a la voluntad. 550

Ricardo   Habeisme favorecido,
que un discreto desengaño
nunca hizo tanto daño,
como un engaño fingido.
Yo voy muy agradecido, 555
al bien que en esto me ofrezco,
mirad qué premio merece
quien le tiene por favor.
Y así, agradeciera amor
quien desengaño agradece. 560
Con esto, palabra os doy
no de no amaros, pues veo
ejemplo en vuestro deseo
y desengañado estoy.
Mas, no hablaros desde hoy, 565
en mi necia voluntad,
ni estorbar vuestra amistad,
quered a don Juan, que es justo,
porque no es amar con gusto,
donde no hay dificultad. 570
Que si venganza quisiera,
qué mayor que ver que amáis
donde el amor que empleáis
ni fin, ni remedio espera.

	Rogaré al tiempo que quiera	575
	templar esta ardiente llama,	
	no obligando a quien os ama,	
	los méritos que tenéis,	
	aunque licencia me deis	
	para querer a otra dama.	580

(Vase.)

Serafina   Cortés caballero.

Finea   Tanto,
            que lástima le he tenido.
            Fuerte desengaño ha sido.

Serafina   Toma, Finea, este manto,
            que no es tiempo de mirar   585
            en lo que no puede ser.

Finea   Notable cosa es querer.

Serafina   Más notable es olvidar.

(Sale Leonardo.)

Leonardo   Serafina.

Serafina   Hermano mío,
            ¿de dónde?

Leonardo   Vengo admirado   590
            de dos cosas, con razón.
            En casa de Don Fernando,
            la primera, que se casa

	don Juan.	
Serafina	¿Qué don Juan?	
Leonardo	No ha sido sin causa el dudar el nombre.	595
Serafina	Decir que se casa, es caso tan estraño, que no es mucho dudar que don Juan, Leonardo.	
Leonardo	¿Don Juan, su hijo?	
Serafina	¿Es posible?	
Leonardo	Debajo de hábitos largos	600

suele haber poco juicio.
Qué bien su padre ha empleado
lo que le cuesta el ponerle
a un estado tan alto.
Loquillo, ignorante, en fin, 605
un mozuelo enamorado
que arroja hacienda y honor
y estudio de tantos años,
por lo que mañana creo,
y aun hoy estará olvidado, 610
si lo tuviese esta noche,
como en el alma los brazos.
Lo segundo que me admira
no es el ver el padre airado,
porque es grande la ocasión, 615
pero el ver que llegue a tanto,
que después de haber querido
matarle, desesperado,

	ha hecho con grande nota,	
	por las ventanas abajo,	620
	echar su ropa y vestidos,	
	sus libros y cuanto hallaron	
	ser del pobre caballero.	
	Parece que te ha pesado.	

Serafina   ¿Pues a quién no ha de pesar,   625
           y con más razón que a entrambos,
           que nos criamos con él?

Leonardo   Entra, que quiero que vamos
           a hablarle esta tarde juntos,
           si vive, porque ha quedado   630
           de cólera casi muerto.

Serafina   Hasta agora fue mi daño
           un imposible de amor,
           ya es mayor, pues es agravio.
           Porque, ¿quién podrá sufrir   635
           los celos, desengañado?
           Que el amar un imposible,
           no ha menester desengaño.

(Vanse.)

(Salen Don Juan y Pedro, de soldados, con bandas y plumas.)

Don Juan   Ya vengo como tu quieres,

Pedro   Y como el tiempo lo manda,   640
           esto de plumas y banda,
           es hechizo de mujeres.
           Mucho se ha de holgar Elena.

Don Juan	Mi padre quisiera yo.	
	¡Ay, mi casa!, quién te vio	645
	de tantas riquezas llena	
	solamente para mí,	
	y agora te ve cerrada.	
Pedro	Que la cólera pasada,	
	todo ha de ser para ti.	650
Don Juan	No me des a conocer,	
	Pedro, un hombre tan airado	
	que mató, mal informado,	
	la desdichada mujer.	
Pedro	¿Mal informado?	
Don Juan	¿Pues no?	655
Pedro	¡Bien haya, amén, pues lo eres,	
	quien sabe honrar las mujeres!	
Don Juan	¿Nací de las piedras yo?	
Pedro	¡Oh, sabrosos animales!,	
	no es hombre el que os tiene en poco.	660
Don Juan	Yo, a lo menos, estoy loco.	
Pedro	No todas nacen iguales,	
	pero como no sean brujas,	
	destas que andan a chupar,	
	que es menester preguntar	665
	si son de pierna y de agujas;	

	y consuélate, don Juan,	
	de cuanto puedes perder,	
	que más perdió por mujer	
	no habiendo más de una, Adán.	670
	¿Qué virtuosas, qué santas	
	disculpan aquella culpa?	
	Por Dios, que tiene disculpa	
	quien se pierde donde hay tantas.	
Don Juan	¡Ea!, acaba de llamar.	675
Pedro	A mí echaranme, señor;	
	yo tomaría, que olor,	
	aunque no fuese de azar;	
	pero temo algún cascote.	
Don Juan	¿Pues para qué me he vestido?	680
Pedro	El cuento viejo ha venido	
	aquí a pedir de cogote.	
	Juntáronse los ratones	
	para librarse del gato,	
	y después de un largo rato	685
	de disputas y opiniones,	
	dijeron que acertarían	
	en ponerle un cascabel,	
	que andando el gato con él,	
	guardarse mejor podían.	690
	Salió un ratón barbicano,	
	colilargo, hociquirromo,	
	y encrespando el grueso lomo,	
	dijo al senado romano,	
	después de hablar culto un rato:	695
	«¿Quién de todos ha de ser	

| | el que se atreva a poner
ese cascabel al gato?» | |
|------------|---------------------------|-----|
| Don Juan | Ya entiendo, que haber venido
ha sido, Pedro, invención,
y el llamar, la ejecución. | 700 |
| Pedro | ¿No tienes apercebido
el llanto para la mano
cuando te la ha de besar? | |
| Don Juan | Por eso no ha de quedar,
si mi padre es hombre humano. | 705 |
| Pedro | Di que su esclavo serás. | |
| Don Juan | Póngame un clavo, una argolla. | |
| Pedro | Si no tiene hasta cebolla
la valona, pondré más. | 710 |
| Don Juan | ¡Ha de casa!, ¡qué ocasión
hoy en la calle perdimos! | |
| Pedro | Muy emplumados venimos
para pródigo y lechón.
Tú, ni en vestido ni en cara,
tu papel puedes hacer;
que yo bien puedo tener
plaza en cualquiera piara. | 715 |

(Sale Don Fernando.)

Don Fernando   ¿Quién es?

Don Juan	Un hombre, señor,	
	que ya no merece nombre	720
	de tu hijo, pues es hombre	
	que no mereció tu amor.	
	Voy a Flandes a morir	
	entre fieros enemigos,	
	pues que no supe entre amigos	725
	y en tu obediencia vivir;	
	y aun ojalá que en Triana	
	me matara una pistola.	
Don Fernando	No es tu desvergüenza sola	
	la que hiciste con sotana;	730
	y que de plumas presumas	
	con estas puedes volar,	
	porque ya quedas de suerte	
	que solo pueden valerte	
	por la tierra o la mar.	735
	Vete, y en tu vida creas	
	que me has de volver a ver.	
Don Juan	¡Oh, qué presto has de saber	
	la muerte que me deseas!	
	Pero siquiera, señor,	740
	porque me has criado, mira	
	que no es nobleza la ira	
	y el perdonar es valor.	
	Solo te pido la mano	
	merezca tu bendición.	745
Don Fernando	Donde no se da perdón,	
	es la bendición en vano.	

Don Juan	¿Pues es posible, señor, que me dejas ir así?	
Don Fernando	¿Y tú, parécete a ti que me has dejado mejor?	750
Don Juan	No era yo para el estado que tú me querías dar.	
Don Fernando	Ni yo para transformar un sacerdote en soldado, que si de ti no me vengo es porque aunque no lo fuiste, basta que serlo quisiste para el respeto que tengo. Clérigo te imaginé, y de haberlo imaginado, ya tienes algo sagrado con que luego te dejé. Vete, y no pares aquí, ni sepan tus desvaríos.	755

760

765 |
Don Juan	Ojos, no parecéis míos, pues no me vengáis de mí.	
Pedro	Dale cebolla, que ya parece que se enternece.	
Don Fernando	¡Qué poco el llanto merece con quien ofendido está!	770
Don Juan	En fin, ¿me dejas ansí?	
Don Fernando	Esto es hecho.	

Don Juan	¡Qué rigor!
Pedro	Dale cebolla, señor.
Don Fernando	Vete, pródigo.
Pedro	¿Y a mí 775 no me oirás por su cochino hablando con reverencia?
Don Fernando	Más que incitas mi paciencia para hacer un desatino.
Don Juan	Cuán de otra suerte aquel padre 780 de familias recibió su hijo.
Don Fernando	Y lo hiciera yo, mas no es posible que cuadre aquí la comparación, que aquel vino arrepentido. 785
Pedro	Sí, mas no le has parecido en la debida porción.
Don Fernando	Tenía parte en su hacienda, y esa no tiene don Juan.
Pedro	¿Señor?
Don Fernando	Quedo, ganapán. 790
Pedro	Dale cebolla.

Don Fernando	No entienda que ha de ver más esta casa.
Don Juan	Fuese.

(Vanse.)

Pedro	Nada aprovechó, mas señas le he visto yo, y todo en efeto pasa. Otros hijos se han casado.	795
Don Juan	Sí, pero la bendición del padre, aunque haya perdón, es desgracia haber faltado. Ello ha de ser con su gusto, porque ansí lo manda Dios.	800
Pedro	Pues volvámonos los dos, que yo sé también que es justo.	
Don Juan	¿Y Elena?	
Pedro	En Triana está, labrando una verde manga, para el venturoso día que casados juguéis cañas.	805
Don Juan	Camina, Pedro, a la puente, y pasemos a Triana, que grandes resoluciones no quieren grandes tardanzas.	810

Pedro	¿En fin, te casas?	
Don Juan	¿Qué quieres?, tengo la palabra dada.	
Pedro	Otros tienen dadas obras, y no cumplen las palabras.	815
Don Juan	Qué villano estuvo, ¡ay, cielo!	
Pedro	Antes no, pues que le dabas cebolla y nunca la quiso.	
Don Juan	Camina, Pedro, a Triana.	

(Vanse.)

(Salen Elena y Inés, criada.)

Elena	Las sombras de mi temor no me dejan alegrarme con cuanto dices que viste.	820
Inés	Propia condición de amantes, quítase el crédito al bien, con que dejas de gozarte, mientras le admites dudoso.	825
Elena	¿Que viste Inés esta tarde, para tanta dicha mía, a don Juan mudado el traje?	
Inés	Digo que le vi con plumas, mira si puede mudarse	830

| | en más diferente forma
quien era ayer estudiante. | |
|------------|---|---|
| Elena | ¡Ay, Dios!, si ya mi fortuna
se mostrase favorable
a mis deseos, mas temo
que al mejor tiempo me falte,
porque como no son justos,
no dejan asegurarme
en esperanzas que duren,
sino en penas que me maten.
¿Quién ha de pedir al cielo
que deje, para casarse,
un hombre tan alto estado,
tanta renta, honor tan grande?
¡Oh, amor!, que solo reparas
en tu gusto, porque haces
cosas injustas, dirás
que fue disculpa bastante
el haber nacido ciego. | 835

840

845

850 |

(Salen Don Juan y Pedro.)

Inés	¿Llamaron?	
Don Juan	Entra y no llames.	
Pedro	¿Tomas ya la posesión?	
Don Juan	Vengo, mi señora, a darte
satisfacción de la fe
con que supiste obligarme.
Veisme aquí, si por ventura
asegurar deseaste	855

la esperanza de ser tuyo,
para que ya no se alaben
cuantos hicieron finezas, 860
que fueron con esta iguales.
¿Qué importa que desde Abido,
Leandro, el estrecho pase?
¿Qué mal se iguala al enojo
de un noble y airado padre? 865
Sacando yo la licencia,
Elena, para casarme,
probando que no tendría
efeto con publicarse,
no faltó quien se lo dijo, 870
aquí no es justo casarte.
Con pintar tigres, leones
y otras fieras semejantes,
sacó la espada, no pudo
por los presentes matarme. 875
Y porque llevaba yo
dos ángeles que me guarden,
cerró las puertas, en fin,
y mandó que me arrojasen
por las ventanas mi ropa. 880
Yo, pretendiendo probarle,
tomé el traje en que me ves,
y para partirme a Flandes
le pedí la bendición;
mas fue tan inexorable, 885
que no la pude alcanzar;
mas déjame que le alabe
de una cosa que en sus iras
me ha parecido notable.
No me ha echado maldiciones, 890
como muchos padres hacen

             neciamente, porque a muchos
             quiere Dios que los alcancen.
             Esto me ha dado consuelo
             y esperanza de gozarte   895
             en paz dulce, prenda mía,
             que algún día haremos paces.
             Es justo acuerdo y es fuerza
             por algún tiempo ausentarme
             de Sevilla y dar lugar   900
             a que este suceso pase.
             Porque el mayor dura un mes,
             al fin del cual a casarme
             volveré a Sevilla alegre;
             tú, en tanto, mira que pagues   905
             esta fe, este amor; no puedo
             pasar mi bien adelante.

Pedro   ¿Andamos con la cebolla
             tan tiernos que, en todas partes,
             lloramos sin ocasión?   910

Elena   Pensé, don Juan, alegrarme
             con verte, y estoy más triste
             habiéndote visto que antes.
             Todo el discurso fue alegre
             hasta llegar a ausentarte.   915
             Porque, ¿dónde habrá paciencia
             que para tu ausencia baste,
             siendo perderte de vista,
             no presumiendo que engañes
             una mujer que te adora?,   920
             Porque para no casarte
             no era menester dejar
             la riqueza de tu padre,

	la dignidad de tu oficio,	
	dando lugar a que hable	925
	toda esta ciudad de ti;	
	pero si es fuerza dejarme,	
	dime donde vas, mi bien.	

Don Juan	El amor, Elena, es grande	
	que mi padre me ha tenido,	930
	y aunque éste puede templarse	
	con el agravio, es muy cierto	
	que en mi ausencia ha de obligarle	
	a notable sentimiento	
	con que piadoso me llame.	935
	Iré a la corte, y allí	
	escribiré por instantes	
	al mayor amigo suyo,	
	para que el perdón me alcance.	
	Vuelvo a firmar la palabra	940
	de ser tuyo y, porque es tarde	
	para pasar atrevido	
	con las postas por su calle,	
	solo te pido...	

Elena	Detente,	
	mi señor, que es agraviarme	945
	pedirme fe, ni memoria,	
	porque primero que falte	
	a tantas obligaciones,	
	se verán las altas naves	
	deste río en las estrellas.	950
	Y que las estrellas bajen	
	a ser de sus aguas peces	
	y, rompidos los cristales,	
	del cielo caerán sus polos,	

	dividido el Sol en partes.	955
	¿Qué mujer debe en el mundo	
	amar tanto, aunque llegase	
	a perder por ti mil vidas?	
Pedro	En fin, Inés, hoy se parten	
	soldados los que ayer fueron	960
	pacíficos estudiantes.	
	Así va el mundo.	
Inés	¿A qué mano	
	picaron?, ¿pensarás darte	
	en aquel Madrid con plumas?	
Pedro	¿Con plumas?, ¡qué disparate!	965
	Mal conoces sopalandas.	
	Gorrón, echaba yo lances	
	famosos, que donde quiera	
	se cuelan los deste traje.	
	A dos veces de ver plumas,	970
	lo que no pasa se sabe;	
	échanse mucho de ver,	
	mas ya mi amo se parte,	
	has de tener fe en ausencia.	
Inés	Antes, Pedro, que me falte,	975
	estará el Sol donde suele,	
	porque, ¿quién podrá quitarle	
	de donde le puso Dios?	
Pedro	Estas sí que son verdades.	
Don Juan	Mi bien, yo me voy, adiós,	980
	que partirme apriesa nace	

| | de que este tiempo que pierdo
           para la vuelta se alargue. | |
|--------|----------------------------------|-----|

| Elena | El cielo vaya contigo,
           Pedro, mira qué regales
           a don Juan. | 985 |

| Pedro | Sin ti, señora,
           no habrá regalo que baste.
           ¿Qué mandas para Madrid? | |

| Elena | Que acuerdes, si me olvidare,
           a don Juan. | |

| Pedro | No me lo digas,
           ni tanta firmeza agravies. | 990 |

| Elena | Abrázame, Pedro. | |

| Pedro | Tente.
           que harás que don Juan me abrase,
           para quitarme el abrazo. | |

| Elena | Celosa quedo y cobarde. | 995 |

| Pedro | ¿De qué? | |

| Elena | De ver que se pone
           el Sol que en mis ojos sale.
           ¿Que un Madrid y aquellos años,
           qué lealtad quieres que guarden? | |

Fin de la primera jornada

Jornada segunda

(Salen Leonardo, Pedro y Don Juan.)

Leonardo	Antes fuera maravilla
	venir con menos cuidado.

Don Juan	Enojos de un padre airado	
	me sacaron de Sevilla,	
	y vuélvenme los deseos	5
	de la ocasión a saber	
	qué fin puedo prometer	
	a mis dudosos empleos,	
	para que vós, a quien tiene	
	respeto por amistad,	10
	rompáis la dificultad	
	que a mis desdichas previene.	

Leonardo	Yo no sé cómo ha de ser,	
	don Juan, que podáis volver	
	eternamente a su agrado,	15
	porque después que a la corte	
	os fuisteis, se ha procurado;	
	pero con su pecho airado,	
	no hay medio humano que importe,	
	antes hablando le jura	20
	que un esclavo ha de buscar	
	a quién le piensa dejar	
	su hacienda.	

Don Juan	Estraña locura;	
	hágame su esclavo a mí.	

Pedro	No sino a mí, que podrá	25

	con más propriedad.	
Don Juan	¿Que está tan airado?	
Leonardo	Ayer le vi con tal determinación; mas cómo fue, me decid, en Madrid.	
Don Juan	Llegué a Madrid, Leonardo, en buena ocasión, para entretener los ojos, que el alma no era posible, mientras airado y terrible ejecuta sus enojos.	30 35
Pedro	Tu padre, señor.	
Don Juan	¡Ay, triste Leonardo!, adiós, no me vea.	

(Salen Don Fernando, y Fabio.)

Don Fernando	No te espantes, que no crea lo que dices, ¿tú le viste?	
Fabio	Digo, señor, que le vi.	40
Don Fernando	Basta, Leonardo, que Fabio dice que para mi agravio está aquel villano aquí.	
Leonardo	Aquí está, que le han traído	

50

	pobreza y enfermedad,	45
	no cerréis a la piedad,	
	como el áspid, el oído,	
	que ya toca en vuestro honor	
	favorecer a don Juan.	
Don Fernando	Gentil favor le darán	50
	su maldad y mi valor,	
	id con Dios, porque en llegando	
	a hablarme, por él me pierdo.	
Leonardo	Vós, como prudente y cuerdo,	
	veréis, señor Don Fernando,	55
	lo que en esto habéis de hacer;	
	yo, entre tanto, y perdonad,	
	cumpliré con mi amistad	
	en no dejarle perder.	
	A mi casa le he traído,	60
	allí le pienso curar.	
Don Fernando	Haréis me un grande pesar,	
	y que no lo hagáis os pido,	
	que estáis muy cerca de mí,	
	o mudareme, por Dios.	65
Fabio	La vecindad de los dos,	
	¿qué ofensa te hace a ti?	
Don Fernando	¿No podrá ser que le vea	
	alguna vez?	
Fabio	Ya, señor,	
	es ese mucho rigor.	70

(Sale Alberto, criado de Elena, de soldado.)

Alberto No habrá en el mundo quien crea
esta determinación,
mas es fuerza aventurarme.

Don Fernando Mira quién viene a buscarme.

Fabio Soldados pienso que son.   75

Alberto Soy, señor, un capitán
de un navío.

Don Fernando Mas, ¿qué viene
a decir, que me conviene
favorecer a don Juan?

Alberto Habiendo sabido que   80
andáis buscando un esclavo
de tantas partes, que pueda
la tristeza consolaros
de un hijo que habéis perdido
o que ha dado en ser soldado,   85
traigo una esclava, que creo
(no siendo fuerza obligaros
a ser esclavo) que tiene
prendas que no las ha dado
el cielo a mujer ninguna.   90

Don Fernando Amor siempre ha sido engaño,
esclavo buscaba yo,
pero tan poco reparo,
siendo ella tal, en que sea
esclava.

Alberto	Es tal, que no hallo a qué poder compararla si no es al precio, que es tanto que dije bien su valor.	95
Don Fernando	¿Es negra?	
Alberto	Por ningún caso tratara yo en esa hacienda.	100
Don Fernando	¿Mulata?	
Alberto	Tampoco.	
Don Fernando	Aguardo qué sea.	
Alberto	Es india oriental, a quien los moros han dado su seta en aquellas tierras, que ahora van conquistando valerosos portugueses. En Malaca la trocaron a perlas, y un capitán la trujo a España del cabo de buena esperanza, y yo la compré, siendo soldado del castillo de Lisboa. Entra, Bárbara.	105 110

(Sale Elena, de esclava, con clavo en la barba.)

Don Fernando	Es retrato

	de aquella reina de Persia.	
Elena	Dadme, señor, vuestras manos.	115
Don Fernando	Hija, no estéis en la tierra, la fortuna os hizo agravio. Notable mujer.	
Fabio	Famosa.	
Don Fernando	Adoptaban sus esclavos los romanos, como a hijos, sus apellidos dejando y su casa en ellos; yo pensaba hacer otro tanto, por cierto enojo que tengo, pero, puesto que me agrado de la esclava, haré lo mismo. ¿Es el precio?	120 125
Alberto	Mil ducados.	
Don Fernando	Bien dijistes que en el precio se vería, y se ve claro su valor.	
Alberto	No os espantéis, que donde son más baratos me los han dado por ella. Tiene entendimiento raro. Por comenzar por el alma, el cuerpo estaisle mirando, no tengo que encarecerle, los ojos son desengaño.	130 135

| | Por virtuosa la vendo,
que haber sido lo contrario
no era precio para ella,   140
el tesoro veneciano.
Canta, baila, cuenta, escribe,
y es, con notable regalo,
milagrosa conservera,
esto podéis ver despacio,   145
si queréis que aquí la deje.

Don Fernando   ¿Cómo os llamáis?

Elena   Yo me llamo
Bárbara, y no por gentil,
porque este nombre cristiano,
en la nave que venía,   150
con el bautismo sagrado,
me dio mi primero dueño,
temeroso de los rayos
de una tempestad que tuvo
la nave en peligro tanto,   155
que haber librado las vidas
fue del bautismo milagro.
Sin esto, junto a los zafres,
dimos en unos peñascos,
que sirvieron de rodelas   160
a las flechas de sus arcos.
Como echó su hacienda al mar
aquel mercader indiano,
guardome para la tierra,
donde le fue necesario   165
remedialla con venderme.

Don Fernando   ¿Cómo, Bárbara, ese clavo

	os puso en la barba?	
Elena	Fue presumir, amenazando rendir mi pecho a su gusto, y como sé que le traigo en defensa de mi honor, lunar de mi honor le llamo; que como ponen blasones los que empresas acabaron, puso por armas mi honor hierro negro en campo blanco.	170

175 |
Don Fernando	¡Qué bien dicho!, yo lo creo. Ahora bien, cuando me agrado de una cosa, pocas veces en el dinero reparo, que no vós, señor; ¿en cuánto os las vendió el capitán?	180
Elena	Señor, mientras es mi amo, no puedo contradecirle; después que me hayáis comprado, os lo diré, como a dueño.	185
Don Fernando	¡Qué discreción!	
Alberto	Si llegamos cuando os agrade el concierto, sean quinientos ducados, que me costó cuatrocientos.	190
Don Fernando	Esos daré yo.	

Alberto	Subamos a contarlos, todo en plata.	
Don Fernando	Y en oro podéis contarlos, porque es dar oro, por oro.	195
Alberto	Ya es vuestro suceso estraño.	
Don Fernando	Bárbara, no a ser mi esclava quedáis, que con vós aguardo cobrar el amor de un hijo, inobediente e ingrato.	200
Elena	Pues señor, haré yo cuenta que por él traigo este clavo, que sirviendo en su lugar, esclava seré de entrambos.	
(Vase Fernando.)	Esta amorosa pasión, con que se me abrasa el pecho, pues hierros dorados son, por una fineza ha hecho esclavo mi corazón. Con darle a don Juan no huyo de confesarle por suyo, mas puede decir después que de dos dueños lo es, esclavo soy, ¿pero cúyo? Aunque si dadas están cúyo ha de ser preguntando, mi fe y lealtad las dirán, que no soy de Don Fernando, sino esclava de don Juan. Verdad es que él me compró y que el amor me vendió,	205 210 215 220

                    pero cuando en mí reparen
                    si cúya soy preguntaren,
                    eso no lo diré yo.
                    Porque de concierto están   225
                    la fe y el amor en mí,
                    que si tormento me dan,
                    solo he de decir que fui
                    la esclava de su galán.
                    Que mi corazón quebró   230
                    lo que don Juan le obligó,
                    le dijo al alma, prometo
                    de guardar siempre el secreto,
                    que cuyo soy, me mandó.
                    Soy tan leal, corazón,   235
                    que sabiendo que ha perdido
                    por mí, hacienda y opinión,
                    secretamente he querido
                    pagarle tanta afición.
                    Porque cómo restituyó   240
                    la deuda el amor, arguyo,
                    mas cómo se encubrirá
                    porque nadie me verá
                    que no diga que soy suyo.

(Fabio sale.)

Fabio   Haciendo está la escritura;   245
                    entre Bárbara, que quiere
                    verte el escribano.

Elena   Hoy muere
                    mi libertad, y asegura
                    la eterna fama que adquiere.
                    Informarme he menester   250

	de algo, si en casa quedo,	
	de la familia, y saber	
	porque errar términos puedo;	
	¿con quién le debo tener?	
	¿Hay señora?	
Fabio	No hay señora.	255
Elena	¿Hijos?	
Fabio	Uno.	
Elena	¿Edad?	
Fabio	Mancebo.	
Elena	¿Qué estado?	
Fabio	Estado de nuevo,	
	porque cierta pecadora	
	le ha puesto en los ojos cebo.	
	Cerca de clérigo estaba,	260
	y que quiere casarse.	
Elena	¿El nombre?	
Fabio	Don Juan.	
Elena	Ya lo imaginaba.	
	¿Es galán?	
Fabio	Es gentilhombre,	
Elena	Peligro corre la esclava.	

Fabio	No corre, que no está en casa.	265
Elena	¿Cómo?	
Fabio	Su padre le echó, no más de porque se casa.	
Elena	Por eso.	
Fabio	¿Es poco?	
Elena	¿Pues no?, como eso en el mundo pasa, ¿quién hay más?	
Fabio	La cocinera, y un ama que la crió.	270
Elena	¿Es muy vieja?	
Fabio	Es hechicera.	
Elena	¿Vós quién sois?	
Fabio	Aquí entro yo. Soy señor de la cochera.	
Elena	Sois hombre muy importante.	275
Fabio	Y otras veces voy mejor.	
Elena	¿Cómo?	

Fabio	Con plaza de infante,	
	soy víspera de señor,	
	porque estoy siempre delante.	
	Desde que os vi con deseo,	280
	estoy por vida de entrambos	
	de ministrar himeneo.	
Elena	Mírasme con ojos zambos.	
Fabio	Son señas de eregodeo.	
Elena	Entrad, y tened la mano,	285
	porque os daré.	

(Dale.)

Fabio	Ya es después.
Elena	Yo no aviso más temprano.
Fabio	Así me trataba Inés.
Elena	Pues tened respeto, hermano,
	porque yo respondo así. 290
Fabio	Yo me despido de ti.
Elena	Buenas mis locuras van,
	yo me vendo por don Juan,
	amor, ¿qué quieres de mí?

(Vanse.)

(Salen Pedro, Serafina y Don Juan.)

Serafina	Pensarás que te agradezco	295
	que a mi casa hayas venido,	
	si necesidad ha sido.	
Don Juan	Eso y mucho más merezco.	
Serafina	¿Tú casarte, y no conmigo?	
Don Juan	Cuando venir presumí,	300
	bien imaginé que en ti	
	tuviera un grande enemigo,	
	mas para desengañarte,	
	no hallé camino mejor.	
Serafina	Responde mi necio amor	305
	que ninguna cosa es parte,	
	pues tú me engañas a mí,	
	y quieres otra mujer.	
	Tanto que te obliga a ser	
	lo que estoy mirando en ti.	310
	Pedro, aunque tú me has vendido,	
	también como tú, señor,	
	¿qué me dices de un traidor	
	que hasta el honor ha perdido?	
	¿Pero que puedes decirme?	315
Pedro	Amaina señora, amaina;	
	vuelve la espada a la vaina,	
	no mates hombre tan firme,	
	que siendo tú la mujer	
	con quien se quiere casar,	320
	¿cómo te puedes quejar?	

Serafina	¿Yo soy?	
Pedro	¿Pues quién ha de ser? ¿Hate dicho a ti tu hermano quién es la mujer o hombre que sepa si quiera el nombre?	325
Serafina	Luego, ¿yo me quejo en vano?	
Pedro	¿Pues no está claro que ha sido la jornada y la invención solo por esta ocasión?	
Serafina	Amor la culpa ha tenido del enojo que ha causado. Mi desconfianza fue la causa, que no pensé de verle tan descuidado, que era por mí la fineza; don Juan, mi desconfianza no dio por tanta mudanza créditos a la firmeza, con tan injusto desdén perdonad el recebiros.	330 335 340
Don Juan	Cuéstame el quereros bien, no deseos y suspiros, como suele suceder, sino hacienda, honor y vida.	
Serafina	Vós veréis qué agradecida soy, si soy vuestra mujer.	345
Don Juan	¿Pues por quién pudiera yo	

	hacer fineza tan rara?	
Serafina	De mis dichas lo dudara,	
	de mis pensamientos no.	350
	Mi hermano pienso que viene,	
	no puedo agora decir	
	lo que habré de remitir	
	al alma, que dentro os tiene	
	En ella y el corazón,	355
	como en secreto lugar,	
	los dos podremos hablar	
	desta peregrinación	
	con que me habéis obligado.	
	Vuestra eternamente soy.	360

(Vase.)

Don Juan	Necio, ¿qué has hecho?, ya estoy	
	metido en mayor cuidado,	
	con decir a Serafina	
	que es ella con quien me caso.	
Pedro	Si esta mujer es el paso	365
	por donde tu amor camina	
	al fin de su pretensión,	
	no fue engañarla locura,	
	que pudiera por ventura	
	hacer en esta ocasión,	370
	que su hermano, por quien ya	
	corren estas amistades,	
	pusiera dificultades	
	en lo que tratando está,	
	ni se pudiera vivir	375
	aquí con este enemigo.	

Don Juan	Y si hablándola me obliga a lo que no he de cumplir, parécete que son cosas que poco después fatigan.	380
Pedro	¿Pues a qué escritura obligan dos palabras amorosas?	
Don Juan	Bien dices, que desde aquí habemos de negociar; mas, ¿cuándo piensa llegar esta noche para mí? Muero por ir a Triana, muero por ver a mi Elena.	385
Pedro	Basta un mes de injusta pena, dejemos para mañana ir a Triana, señor; porque si esta noche vas, a Serafina darás sospechas de ajeno amor.	390
Don Juan	Eso dices, si pensara no vella, estando en Sevilla, tuviera por maravilla que la vida me durara hasta que el alba saliera. ¡Ay, noche, ven!, porque el Sol, dejando el polo español, cubra la antártica esfera. Deja, Sol, que el negro manto pueda tu rostro eclipsar, que aunque temieras la mar,	395 400 405

	no te detuvieras tanto.	
	Embarca tu resplandor,	
	que en ver la noche me niega;	
	con mis lágrimas navega,	
	que soy todo un mar de amor.	410
	Vete, que no he menester	
	celajes de tu mañana,	
	que está mi aurora en Triana,	
	y ella me ha de amanecer.	
	Vamos, Pedro.	
Pedro	Tente un poco.	415
Don Juan	¿No es de noche?	
Pedro	En tu sentido,	
	tanta es la luz que ha perdido	
	quien está de amores loco.	
Don Juan	Pues di, ¿no tengo razón,	
	no es hermosa y virtuosa?	420
Pedro	Virtud, sobre ser hermosa,	
	es la mayor perfección,	
	y así será justo empleo,	
	pero con mucho jüicio.	
Don Juan	Pues es para su servicio,	425
	ayude Dios mi deseo.	

(Vanse, y sale Don Fernando y Elena.)

Don Fernando	Tan contento estoy de ti,
	Bárbara, que desde hoy

	eres lo mismo que yo.	
Elena	Cuanto ha sido contra mí	430
	hasta agora la fortuna,	
	le perdono justamente,	
	si no es que de nuevo intente	
	deste bien mudanza alguna;	
	pues, piadosa, me ha traído	435
	a servir a un caballero,	
	de quien mi remedio espero.	
Don Fernando	Bárbara, mi dicha ha sido,	
	y pues que lo siento así,	
	se ve lo que te he fiado.	440
	Todas las llaves te he dado,	
	rige y gobierna por mí	
	criados, casa y hacienda,	
	tanto de tu entendimiento	
	y virtud estoy contento;	445
	y porque tu pecho entienda	
	qué es lo menos que te fío.	
	Óyeme atenta y sabrás	
	lo que a mí me importa más,	
	todo el pensamiento mío,	450
	yo tengo un hijo.	
Elena	Ya sé	
	todo el suceso, señor,	
	que me lo dijo Leonor	
	el día que en tu casa entré.	
Don Fernando	Ese, pues, inobediente,	455
	estando para ordenarse,	
	dio en que había de casarse,	

	y ausentose cuerdamente,	
	que pienso que le matara.	
	Ha vuelto a Sevilla,	460
	y en casa un vecino está,	
	que a mi disgusto le ampara.	
	Entre todos los enojos,	
	que me ha dado este rapaz,	
	anda amor metiendo paz,	465
	porque es la luz de mis ojos.	
	Yo finjo que le aborrezco,	
	y nadie sabe de mí	
	lo que he fiado de ti.	
Elena	Dios sabe que lo merezco.	470
Don Fernando	Quiero, porque me han contado	
	que viene enfermo y perdido,	
	que tú, como que has querido,	
	viéndome con él airado,	
	cuidar de su enfermedad,	475
	como tu propio señor	
	le veas, y de mi amor	
	sustituyas la piedad.	
	Las llaves tienes, y tienes	
	discreción en regalarle;	480
	te ocupa, sin declararle,	
	que por mí, Bárbara, vienes,	
	sino por tu obligación;	
	que sé que en viendo a don Juan,	
	tan entendido y galán,	485
	dirás que tengo razón.	
	No hay mozo en toda Sevilla,	
	no lo digo como padre,	
	más gallarda fue su madre,	

	en México maravilla,	490
	y muy principal mujer,	
	que a ser legítimo amor,	
	más tiene de su valor	
	que de mí puede tener.	
	Lo primero, has de llevar	495
	esto, sin nombrarme a mí,	
	unas camisas que aquí	
	quedaron por acabar.	
	Y toma en este bolsillo	
	cincuenta escudos, que está	500
	pobre, y no los hallará	
	sobre prendas en Sevilla.	
	Pienso que me has entendido.	
Elena	¡Y cómo señor!, muy bien,	
	y de camino también,	505
	con el alma agradecido,	
	la confianza que hacéis	
	desta humilde esclava vuestra,	
	en lo demás bien se muestra,	
	que piadoso procedéis,	510
	como padre, imitación	
	del verdadero desvelo.	
Don Fernando	Si tú, con discreto celo,	
	pues se ofrecerá ocasión,	
	le pudieses persuadir	515
	que dejase de casarse	
	y que volviese a ordenarse,	
	no le dejes de advertir	
	lo que ganará conmigo.	
Elena	Señor, ¿como podré yo,	520

	sabiendo que no bastó	
	tu enojo, ni tu castigo?	
	Pero, en fin, yo te prometo	
	de hablarle en esto, y muy bien,	
Don Fernando	Haz, Bárbara, que te den	525
	las camisas en secreto,	
	que ya acabadas están,	
	y si en este amor reparas,	
	yo sé que me disculparas	
	si hubieres visto a don Juan,	530
	y quiero que se te acuerde	
	mirándonos a los dos.	
	Que siente Dios, con ser Dios	
	un hijo que se le pierde.	
Elena	¿Ha de ir alguno conmigo?	535
Don Fernando	Fabio, que te enseñará	
	la casa, que cerca está.	
Elena	Alabo, ensalzo, bendigo	
	la piedad que usas conmigo.	
	Cielo, en aquesta ocasión,	540
	parece que el corazón	
	me miraba, Don Fernando,	
	y que dél fue trasladando	
	mi propria imaginación;	
	que podré ver a don Juan	545
	después de tan larga ausencia.	
	¡Qué dineros y licencia	
	de regalarle me dan!	
	Parece que ya se van	
	declarando en mi favor	550

                    los cielos, pues el rigor
                    piadoso de un padre airado
                    da cuidado a mi cuidado,
                    y añade amor a mi amor.
                    Agora os satisfaréis,   555
                    ojos, que sin luz estáis,
                    que a ver vuestra gloria vais
                    de lo que llorado habéis.
                    Hoy vuestro dueño veréis,
                    y siempre licencia os dan,   560
                    tercero para don Juan
                    es hoy quien más me aborrece,
                    pues me dice y encarece,
                    que es gentil hombre y galán.
                    Con la gracia que me hablaba,   565
                    con las que don Juan tenía,
                    como que yo no sabía,
                    que me cuestan ser su esclava,
                    lo mesmo que deseaba,
                    me ofrecía liberal.   570
                    Porque con suceso igual
                    sea mi ejemplo testigo
                    de que suele un enemigo
                    hacer bien, por hacer mal.

(Vase.)

(Sale Florencio y Ricardo.)

Florencio   No siempre puede amor lo que imagina.   575

Ricardo   Juré, Florencio, no ver a Serafina,
                    después de ser tan claro desengaño,
                    y aunque pensé que fuera por mi daño,

	un milagro de amor ha sucedido,	
	que fue con otro amor quedar vencido.	580
Florencio	Si tiene alguna cura	
	la locura de amor, es la hermosura	
	de otra mujer, y ansí dijo un poeta:	
	aunque es pasión que tanto nos sujeta,	
	para vencer amor, querer vencelle.	585
Ricardo	No pienso yo ponelle	
	remedio tan violento;	
	pero andando con este pensamiento,	
	vi una mujer a donde puso el cielo	
	dos estrellas de fuego en puro yelo,	590
	un talle tan gallardo, honesto y grave,	
	un mirar tan suave,	
	un andar tan gracioso,	
	y en cada parte un todo tan hermoso,	
	que vivo sin sentido,	595
	mas todo lo que veis, y fue el olvido,	
	de aquel pasa amor, pues ya me abrasa,	
	se encierra en una esclava desta casa.	
Florencio	¿Esclava?	
Ricardo	Sí.	
Florencio	Que bajo pensamiento.	
Ricardo	Sin verla, no culpéis mi entendimiento.	600
Florencio	¿Es Africana?	
Ricardo	Es India, y justamente,	

	que siendo Sol viniese del Oriente.	
Florencio	Mal gusto, y en que el vuestro desatina, dejar el serafín de Serafina por una esclava bárbara.	
Ricardo	Su nombre, Florencio, es ese, y porque no os asombre mi pensamiento justo, mirad su talle y culparéis mi gusto.	605

(Salen Doña Elena y Fabio con un azafate.)

Fabio	Esta es la casa.	
Elena	Que tan cerca era.	
Fabio	¿Quisieras tú que al alameda fuera?; la devoción de San Trotón te obliga.	610
Elena	Nunca salgo de casa.	
Fabio	Pues, amiga, si Señor te hace dama, ten paciencia, demás que las ventanas, en ausencia de la calle, no son poco remedio.	615
Elena	Nunca por ese medio remedio yo la soledad que paso.	
Fabio	¿Ventana no?	
Elena	¿Soy yo botón, acaso, que tengo de estar siempre a la ventana?	

Ricardo	¿Qué os parece la indiana?	620
Florencio	Que trujo cuantas perlas y oro Arabia, en la tierra y la mar que el Sol las cría.	
Elena	Entra Fabio, y dirás a lo que vengo.	
Ricardo	Luego disculpa de querer la tengo.	
Florencio	El lacayo se ha entrado en casa de Serafina.	625
Ricardo	¿Traerán de Don Fernando algún recado, pues, Bárbara divina?	
Elena	Vuesamerced, suplícole se tenga. antes que el hombre con quien vengo venga.	630
Ricardo	¿Por qué pagas tan mal lo que te quiero?	
Elena	¿Qué obligación me corre, caballero?	
Ricardo	Amor no obliga.	
Elena	Obliga con servicios, y amorosos oficios, no con palabras y ánimos donceles, que aun en tiempo de Adán le daban pieles.	635
Ricardo	¿Quieres tú galas, quieres tú dinero?	
Elena	No puedo yo deciros lo que quiero.	

Ricardo	¿Quieres que te rescate?	
Elena	Ni por el pensamiento de eso trate,	640
	todo mi gusto en esta casa tengo;	
	esclava de mí misma, a verle vengo.	
Ricardo	Ya te he entendido, ¿quién es, a Leonardo?	
Elena	¿No es don Juan más gallardo?	
Ricardo	¿Pues quieres a don Juan?	
Elena	Como a mi dueño,	645
	que en lo demás ya sé que fuera sueño,	
	pues quiere una mujer con quien se casa.	
Ricardo	Pues, Bárbara, si sabes lo que pasa	
	quiéreme a mí, que en indio me transformas,	
	pues ídolo te formas	650
	de marfil y de oro,	
	y siendo tú mi Sol indio, te adoro;	
	¡ea!, dame una mano, porque en ella	
	te ponga este diamante,	
	que aunque es muy bella, quedara más bella.	655
Elena	Quedito y salvo el guante,	
	que soy un poco arisca,	
	y con las nueve efes de Francisca,	
	fe, fineza, firmeza y fortaleza,	
	soy toda junta un monte de aspereza,	660
	y le quiero añadir el ser famosa.	
Ricardo	Pues déjame tocar con solo un dedo	
	el clavo de tu rostro.	

Elena	Lindo enredo,
	¿soy cuenta de perdones?,
	por sus ojos que mude de estaciones. 665
Ricardo	Yo he de comprarte a Don Fernando.
Elena	Creo
	que aunque busquéis para tan necio empleo
	más piedras y oro y perlas que un poeta
	para pintar un día,
	no os venderán una chinela mía. 670
	El hombre sale a Dios.
Florencio	Mujer discreta,
	pero taimada.
Ricardo	Vamos, que yo espero
	mi remedio en engaño o en dinero.

(Vase.)

(Sale Fabio.)

Fabio	Don Juan sale a recebirte,
	y las camisas di a Pedro. 675
Elena	Pues vete, así Dios te guarde,
	que tengo cierto secreto
	que me dijo mi señor
	que dijese a don Juan.
Fabio	Vuelvo
	dentro de un hora por ti. 680

Elena	Vuelve poco más o menos.
Fabio	¿Quién son aquellos lindones que te hablaban?
Elena	Caballeros que, cansados de faisanes..., ya entiendes Fabio.
Fabio	Ya entiendo. 685
Elena	¿Celitos?, soy yo muy propia para oír lacaicelos.
Fabio	Por el agua de la mar que he de darles, si los veo otra vez, una mohada, 690 que llaman acá los diestros, la de Domingo Gayona.
Elena	¿Son estos los aposentos de don Juan?
Fabio	Sí.
Elena	Vete.
Fabio	Adiós.

(Vase y sale Don Juan y Pedro.)

Don Juan	Mal podré tener contento, 695 Pedro, con tanta desdicha;

	hoy a mis hábitos vuelvo.	
Pedro	No debió de poder más, que por ventura la hicieron fuerza su tío y su primo.	700
Don Juan	¿Qué fuerza, si fue el concierto, que a casarme volvería?	
Pedro	Como no lo hiciste luego, entró la desconfianza, que no hay cosa que más presto rinda y mude una mujer.	705
Don Juan	En lo que su engaño veo, es en negar sus criados, y decir que no supieron quién le llevó, o donde fue.	710
Pedro	Hablemos, señor, primero esta esclava de tu padre, que dicen que es su gobierno, y no mudemos de ropa, que será sin grande acuerdo vender risa a la ciudad.	715
Don Juan	Buen talle.	
Pedro	Y gentil aseo.	
Don Juan	No he visto esclava en mi vida de mejor traza.	
Pedro	El invierno	

	tenga yo tales frazadas,	720
	y los veranitos frescos	
	estas colchas de la China.	
Elena	Temblando me está en el pecho	
	el corazón, señor mío,	
	hoy a vuestros pies presento	725
	una esclava.	
Don Juan	No prosigas.	
	Jesús, Jesús, ¿qué es aquesto?,	
	alza el rostro, no le bajes.	
	¿Qué es esto, Pedro?	
Elena	Bien puedo,	
	si las lágrimas me dejan.	730
Pedro	Señor, vive Dios que creo	
	que habemos los dos bebido.	
Don Juan	¡Ay, Pedro!, lágrimas bebo	
	de un ángel, pero bien dices	
	que esto es locura, o es sueño,	735
	háblame, señora mía,	
	háblame, y dime si tengo	
	mi fantasía en tu sombra	
	fuera de mi entendimiento.	
Pedro	Señora, dime quién eres,	740
	han hecho algún embeleco	
	estas moras de Sevilla.	
	¿Eres tú quien eres? Presto,	
	que estoy por huir de ti.	

Elena	Yo soy, don Juan; yo soy, Pedro;	745
	que, quién sino yo pudiera	
	arrojar al mar soberbio	
	de tu padre, honor y vida.	
	Que de una amiga, sabiendo	
	que dar quería a un esclavo	750
	hacienda, este pensamiento	
	se me puso en la memoria,	
	y ejecutolo el deseo.	
	Tuve tal felicidad	
	que ya de tu padre tengo	755
	hacienda y casa en mi mano.	
	Hoy me descubrió su pecho,	
	y me dijo que sabía	
	que habías venido enfermo,	
	y que venías a curarte,	760
	siendo yo cierva que vengo	
	llena de flechas de amor	
	al agua de mi deseo.	
	Este dinero me ha dado	
	tan declarado y tan tierno,	765
	que a los ojos se asomaban	
	las lágrimas por momentos,	
	como a ventanas doncellas,	
	que andan cerrando y abriendo.	
	Díjome que yo te diese,	770
	en razón del casamiento,	
	consejos que no te doy,	
	que son contra mí consejos.	
	Fingí hierros en mi cara,	
	porque están los verdaderos	775
	en el alma, señor mío,	
	donde no los borra el tiempo.	
	Hierro es este de mi cara,	

	porque el del alma es acierto,	
	que solamente por mí	780
	se dijo acertar por hierro.	
	Hierro parece, y es flecha,	
	que del arco de sus celos	
	amor me tira a la boca,	
	porque le sirva de sello.	785
	Haz que me pongan tu nombre,	
	porque sepan muchos necios	
	(que fundan en intereses	
	todos los amores nuestros)	
	que hubo una mujer que fue	790
	por solo agradecimiento	
	esclava de su galán,	
	por el nombre y por los hechos.	
Don Juan	Dulce esclava de mi vida,	
	de mi libertad, señora,	795
	hierro que mi alma adora,	
	señal por mi bien fingida.	
	Hoy ha de quedar corrida	
	la griega y romana historia,	
	pues en vuestro honor y gloria,	800
	que para siempre ensalzáis,	
	con esta hazaña dejáis	
	en olvido su memoria.	
	Templado habéis mis enojos,	
	porque el esclavo recelo,	805
	que es como signo en el cielo,	
	para el Sol de vuestros ojos,	
	templad también mis antojos,	
	porque está el alma tan loca,	
	que a imaginar me provoca,	810
	que es la señal que en vós veo,	

                    porque no yerre el deseo
                    el camino de la boca.
                    Que érades ida pensé,
                    luego que os busqué en Triana,   815
                    allí me hallé de mañana,
                    ¡qué triste noche pasé!
                    Es posible que os hallé,
                    y solo el errado fui,
                    pero siendo el yerro aquí   820
                    de vuestra cara fingido,
                    en siendo vuestro marido
                    me la pasaréis a mí.
                    Que, como suele en la emprenta
                    pasar la letra el papel,   825
                    vendré yo a quedar con él,
                    y vós de ese yerro esenta,
                    mirando está el alma atenta
                    cómo le podrá pasar,
                    donde en inmortal lugar   830
                    le pueda traer por vós;
                    pero presto querrá Dios
                    que lo podamos trocar.

(Sale Serafina.)

Pedro   Señor, Serafina.

Elena   ¿Quién?

Serafina   A ver vengo vuestra esclava.   835

Don Juan   ¿Esclava aquesta señora?
                    Es Serafina, la hermana
                    de Leonardo, grande amigo

	de mi padre.	
Elena	¡Qué gallarda!, ¡qué gentil!, ¡qué bien dispuesta señora!	840
Serafina	¡Qué bella esclava!	
Elena	No codiciéis en el mundo otra cosa, ni otra esclava, si aquesta dama tenéis.	845
Serafina	Pues amiga, ¿cómo os llaman?	
Elena	Bárbara, señora mía.	
Serafina	Pues Bárbara, no soy dama, sino mujer de don Juan.	
Elena	¿Que sois vós con quien se casa?	850
Serafina	A lo menos, lo he de ser.	
Elena	Eso solo me faltaba para dar el parabién, a cierta loca esperanza.	
Serafina	¿Quién hizo aquellas camisas?	855
Elena	Esas mujeres las labran que sirven a mi señor.	
Serafina	Mejores están guardadas para cuando quiera Dios.	

Don Juan	Vete con Dios, que te tardas, Bárbara.	860
Elena	Sí, mejor es, pues aquí ya no hago falta, y en mi casa podrá ser.	

(Sale Finea, esclava de Serafina.)

Finea	Aquí, señora, te aguarda una visita. Serafina ¿Quién es?	865
Finea	Tu grande amiga Lisarda.	
Serafina	Perdonad, señor don Juan, luego volveré.	
Don Juan	No salgas, Bárbara, sin que te lleve Pedro desde aquí a tu casa.	870
Elena	Tú me detienes en tiempo que está reventando el alma, por dar voces, si deseas, que declare cuanto pasa, bien harás en detenerme.	875
Don Juan	Detenla, Pedro.	
Pedro	No vayas enojada, hermosa Elena,	

	hasta que sepas la causa,	
	por que dijo Serafina	
	aquellas necias palabras.	880
Elena	¿Enojada yo, por qué?	
	¡Ah, perro! quién te sacara	
	el alma.	
Pedro	Tente señora,	
	tente, por Dios, que me matas.	
Don Juan	Si engañar esta mujer	885
	ha sido ofensa que agravia	
	la verdad de nuestro amor,	
	deja a Pedro, y tu venganza	
	ejecuta en mí, que soy	
	desdichado en tu desgracia.	890
Elena	¿En vuesamerced, por qué?	
	Si los hábitos dejara	
	por esta dama, que puede	
	serlo de un grande de España,	
	¿quién hizo aquellas camisas?,	895
	mejores están guardadas	
	para cuando quiera Dios.	
	¡Qué bien, qué buena cristiana!	
	Dios le cumpla sus deseos,	
	¡Ay de aquella desdichada,	900
	vendida por un traidor!	
Don Juan	Si no escuchas, nadie basta	
	a poder satisfacerte.	
Elena	¡Que pusiese yo en mi cara	

	esta cédula, este hierro	905
	que publicase mi infamia,	
	para que todos le lean!	
Pedro	Señora, ¿por qué te acabas	
	y quitas la vida a un hombre,	
	que solo de verte airada,	910
	no sabe tomar consejo?	
Elena	Hasta agora no fui esclava,	
	doña Elena fui hasta agora,	
	ya soy la Elena troyana,	
	incendio soy de mí misma,	915
	mi proprio fuego me abrasa;	
	quien me ha robado el honor	
	es quien me vende a mi patria.	
	Traidor Paris de Sevilla,	
	firme Elena de Triana,	920
	pero un don Juan me vende,	
	y el esclavo que maltratan	
	huye del dueño, perdone	
	Don Fernando, que a Triana	
	me vuelvo, y de allí a Jerez,	925
	porque esclava por esclava,	
	quiero serlo de mi primo.	
Don Juan	Oye.	
Pedro	Espera.	
Don Juan	Tente.	
Pedro	Aguarda.	

(Huye.)

Don Juan   Ve tras ella.

Pedro   Voy.

Don Juan   Hoy hace fin mi esperanza.   930

            Fin de la segunda jornada

Jornada tercera

(Salen Florencio y Ricardo.)

Florencio   ¿Esos eran los enojos,
                 recebille y regalalle?

Ricardo   Es padre, no hay que culpalle,
                 que los hijos y los ojos
                 tienen poca diferencia,   5
                 antes bien la espiración
                 de aquella pronunciación,
                 suspiros son de su ausencia.
                 En efecto, está don Juan,
                 después de tanta porfía   10
                 con la paz que antes tenía,
                 con hábito de galán.
                 . . . .
                 Pensaréis
                 que ama a Bárbara, y tendréis
                 desta sospecha testigos,   15
                 en que no sale de casa
                 sin ver, que vergüenza es,
                 que los amigos después
                 que supieron que se casa.

Ricardo   Si amor y celos tuviera,   20
                 cualquier injusto rigor
                 fuera como mal de amor,
                 y como amor le sufriera
                 celos con una bajeza,
                 que el valor de amor infama.   25

Florencio   ¿Donde hay tan hermosa dama,

	con tanta gracia y belleza, una esclava os trae perdido?	
Ricardo	Amor no tiene elección.	

(Sale Don Fernando y Fabio.)

Don Fernando	Alguna causa y razón	30
	esta mudanza ha tenido.	
	Bárbara no tiene ya	
	la alegría que solía.	
	Muy contenta me servía,	
	triste por estremo está.	35
Fabio	Como don Juan, mi señor,	
	ha venido, y has mostrado	
	en regalalle cuidado,	
	y a Bárbara poco amor,	
	estará con sentimiento.	40
Don Fernando	¿Una esclava ha de querer	
	y ser como un hijo, y tener	
	el mismo merecimiento?	
Fabio	Culpa al principio tuviste,	
	como a hija la trataste	45
	y como el amor mudaste,	
	no te espantes, que ande triste;	
	si no es que aquel gentilhombre,	
	que nunca deja esta puerta,	
	algo con ella concierta.	50
Don Fernando	Con bien diferente nombre	
	me la vendió el capitán.	

Fabio	Pues si no es esto, señor, serán celos del amor que le muestras a don Juan.	55
Don Fernando	¿Es aquel el caballero que dices?	
Fabio	El mismo es.	
Ricardo	Con lo que veréis después, remediar mi pena espero, que sin alguna invención es imposible mover el pecho desta mujer.	60
Florencio	Siempre más fáciles son con sus iguales, mas fuera mejor compralla.	
Ricardo	Ese intento fuera loco pensamiento, por un millón no la diera. Pienso que repara en mí.	65
Florencio	Vamos, que os está mirando.	

(Vanse Florencio y Ricardo.)

Don Fernando	Si la esclava inquietando anda, Fabio, por aquí, sabré yo darle a entender que respeto ha de guardar a mi casa.	70

Fabio	Codiciar	
	la gracia desta mujer	75
	no te espante, que es hermosa,	
	y su limpieza y aseo	
	solicitan el deseo	
	de la juventud ociosa;	
	todos se prometerán	80
	facilidad, en bajeza,	
	y yo sé que hay aspereza.	
Don Fernando	Mucho se tarda don Juan.	
Fabio	La caza, señor, divierte.	
Don Fernando	Desde que hoy amaneció,	85
	está en el campo, aunque yo	
	lo tengo por buena suerte;	
	pues con eso entretenido,	
	pienso que se le ha olvidado	
	el casamiento tratado.	90
Fabio	Todo lo ha puesto en olvido.	

(Sale Don Juan, de campo.)

Don Juan	Mira, Fabio, ese caballo,	
	que Pedro se queda atrás.	
	¡Oh, mi Señor!, ¿aquí estas?	
	Gracias a Dios que te hallo	95
	con la salud que deseo.	
Don Fernando	Seas, don Juan, bien venido,	
	¿cómo en el campo te ha ido?,	

	que ha un siglo que no te veo.
Don Juan	Vuelvo a besarte la mano 100 por tal favor, pero quiero contarte.
Don Fernando	Eso no, primero descansa.
Don Juan	Escucha.
Don Fernando	Es en vano, tiempo queda en que podrás. ¡Hola!

(Sale Doña Elena.)

Elena	Señor.
Don Fernando	Llega allí; 105 descalza a don Juan.
Don Juan	¿A mí?
Don Fernando	¿Pues es más que los demás? Siéntate.
Don Juan	Pedro, señor, vendrá ya.
Don Fernando	¿Qué novedad es aquesta? 110
Don Juan	Ea pues, llegad.
Don Fernando	Ven luego a comer.

(Vase.)

Don Juan	Qué error de mí y qué favor
	de mi buena dicha ha sido
	el no haberte conocido. 115
	Ángel, la mano tened.
Elena	Deme el pie vuesa merced.
Don Juan	Miro si mi padre es ido,
	para darte mil abrazos.
Elena	Deme el pie, vuelvo a decir. 120
Don Juan	Ya no es tiempo de reñir,
	sino de darme los brazos.
Elena	Antes los haré pedazos.
Don Juan	Pues volvereme a enojar,
	que no te pensaba hablar 125
	por los celos que me has dado,
	que bien sabes que has hablado
	con quien me los puede dar.
	De verte me enternecí,
	y te he perdonado ya. 130
Elena	Tarde pienso que hallara
	vuesamerced para mí
	satisfación, aunque aquí,
	como será, se regale
	al Sol, puesto que se vale 135
	de la invención que propone,

| | porque no hay, que me perdone,
y del propósito sale
que Ricardo me hable a mí,
cuando por la puerta pasa;   140
qué importa si él en su casa
habla a Serafina así. |

Don Juan   Es fuerza.

Elena   Es amor.

Don Juan   ¿Y?

Elena   Él, sí,
              que hablarme un hombre, saliendo   145
              algún recaudo, o volviendo
              a casa, no es en mi mano,
              mas, vuesamerced en vano
              se disculpa, conociendo
              el pesar que me hace a mí.   150

Don Juan   A tantas vuesasmercedes,
              mira que matarme puedes,
              dueño de mi alma, ansí
              que desde que te la di
              aborrecí cuanto amaba.   155

Elena   ¿Dueño yo, siendo su esclava
              de vuesa merced?

Don Juan   Ya es eso
              traición, malicia y exceso,
              amor, no, condición brava.
              Ya estoy rendido, ¿qué quieres?   160

	Por Dios, que de tú me nombres,
	qué tiernos somos los hombres,
	qué fuertes sois las mujeres.
Elena	Tú dices que tierno eres,
	siempre habemos de buscar. 165
Don Juan	Siempre habemos de rogar.
	¿Quién no se deja morir
	para no llegar a oír
	tu término de matar?
	¡Ay!, ¡si en el campo me vieras 170
	de pechos sobre una fuente,
	aumentando su corriente
	con lágrimas verdaderas!
Elena	¿Por Serafina?
Don Juan	¿Hay locura
	tan grande?, que si procura 175
	su olvido matarme ansí,
	yo quiero imitar de ti
	la misma descompostura.
	Señor, ¿esta es doña Elena,
	con quien pretendí casarme? 180
	ven a matarme.
Elena	A matarme
	vendrá primero tu pena.
Don Juan	Déjame.
Elena	La lengua enfrena,
	loco de mis ojos.

Don Juan	¿Qué?	
Elena	De mis ojos dije, erré.	185
Don Juan	Ya lo dijiste, ya eres mi dueño.	
Elena	Sí, pues quieres que yo te quiera sin fe.	

(Entra Pedro, de caza.)

Pedro	Gracias al cielo que os veo en paz.	
Don Juan	Cómo te has tardado.	190
Pedro	El pájaro lo ha causado, que es algún demonio, creo. Que haya quien cace en el mundo, que vaya siguiendo en fin un hombre con un rocín, que le despeñe al profundo. Aves que andan por el viento, solo hallo disculpados los naipes, porque sentados es dulce entretenimiento, que quién puede en trucos sufrir dos torneadores crueles, y una mesa sin manteles con dos varas de medir, que parecen las casitas de corral de vecindad, con mucha curiosidad	195 200 205

                tirándose las boletas.
                Cuerpo de tal con la flema,
                pues otros que juzgan solos,   210
                toda una tarde a los bolos,
                quebrantándose por tema,
                de qué salen derrengados
                por enderezar la bola,
                y otros que con ella sola   215
                tiran por sendas y prados.
                Con los mallos o los mazos,
                si es ejercicio, y no vicio;
                la esgrima es lindo ejercicio
                para hacer fuertes los brazos.   220
                Que no ejercitar la espada,
                es causa que en la ocasión
                falte el aliento, estas son
                para juventud honrada.
                Las cazas y pajarotes,   225
                allá son para los reyes
                que tienen libros y leyes,
                porque con dos matalotes,
                y un neblí tuerto de un ojo;
                ¿quién diablos sale a cazar?   230

Don Juan   Vete, Pedro, a descansar,
                que vienes con mucho enojo,
                y vós, mi bien, ya quedáis
                en paz conmigo.

Elena   Primero
                quiero que jures.

Don Juan   Yo quiero;   235
                juro que vós me matáis.

Elena	De no ver al serafín	
	que piensa que has de ser suyo.	
Don Juan	Eso juro, y de ser tuyo.	
Elena	¿Y el serafín?	
Don Juan	Serafín,	240
	en mi vida le veré.	
Pedro	Sino a ti que lo eres mía,	
	¡qué glosa hacerse podía!	
Elena	¿Cómo?	
Pedro	Escucha.	
Elena	Di.	
Pedro	Diré.	
	Es el ti, deminutivo	245
	del tú y es hijo del mí,	
	porque regala ansí	
	con el acento más vivo.	
	Que el tú es bajo, y el tiple es mí.	
	Tú mandas, tú desafía,	250
	tú es trompeta, tú es cochero,	
	ti es clarín, ti es chirimía,	
	y por eso al tú no quiero,	
	sino a ti, que lo eres mía.	
Don Juan	Tal te dé Dios la salud.	255

Elena	Tu padre llama, y no entienda que hablamos.
Don Juan	Adiós, mi prenda.
Elena	Adiós.

(Vanse los dos.)

Don Juan	¡Qué dulce inquietud!	
Elena	Qué poco sabe sufrir	
	una locura de amor,	260
	pero, quién tendrá valor	
	para dejarse morir,	
	o no se había de ir,	
	o no amar, que no hay porfía	
	de celosa fantasía,	265
	que estándose defendiendo,	
	dure sin rendirse oyendo,	
	sino a ti, que lo eres mía.	
	Celos, si estáis satisfechos,	
	¿qué queréis?, dejadme aquí,	270
	que pues que ya me rendí,	
	ya debéis de estar deshechos.	
	Si más daños que provechos	
	resultan de mi porfía,	
	crueldad matarme sería,	275
	no tiréis flechas al aire,	
	que dijo con gran donaire,	
	sino a ti que lo eres mía.	

(Entra Finea.)

Finea	Bárbara, es tiempo de verte.	
Elena	¿Qué quieres, Finea amiga?,	280
	después que el señor don Juan	
	vive en casa, no hay quien viva.	
	Porque con la ocupación	
	de valonas y camisas,	
	ni yo sé cuándo es de noche,	285
	ni menos cuándo es de día.	
Finea	Qué trabajos.	
Elena	¿Cómo está	
	tu señora Serafina?	
Finea	Dala al diablo, que se ha hecho	
	un tigre, una sierpe libia,	290
	mejor fuera ya llamarla	
	demonia que Serafina,	
	que, como está enamorada,	
	no hay quien la sufra, ni sirva;	
	todo es mirarse al espejo,	295
	todo es joyas y sortijas.	
	Endemoniarse o enmoñarse,	
	ya se toca, ya se enriza,	
	todo es mirar, si le ve,	
	y todo ver, si la mira,	300
	todo acechar por las rejas,	
	que están ya las celosías	
	cansadas de darle calle.	
Elena	¿Hácele muchas visitas	
	mi amo?	

Finea	Siempre está allá.	305
Elena	¿Siempre?	
Finea	Es lindo rompe sillas, los dos, que siempre se miran, el ensillado y mi ama, como cuadro de Sevilla, ensalzada y enfrenada.	310
Elena	¿Quiérense mucho?	
Finea	Suspiran como borricos en prado.	
Elena	¿Casaranse?	
Finea	Eso porfían.	
Elena	¿A qué venías?	
Finea	A darle este papel de mentiras; y a fe que tiene un secreto.	315
Elena	¿Qué secreto?, por tu vida.	
Finea	Bárbara, no lo preguntes, no es posible que lo digas.	320
Elena	¿Esa es la amistad?	
Finea	Perdona.	

Elena	¿Y si jurase?	
Finea	Aún podría ser que lo dijese.	
Elena	Yo soy tu verdadera amiga, dame el papel, que don Juan vino de caza, que el día le halló en el campo; y descansa, que el secreto, pues porfías, ya no lo quiero saber.	325
Finea	Si no juraste.	
Elena	Si obliga el juramento, yo juro que nunca vuelva a las Indias, que es lo que yo deseo desde que vine de Lima, si revelare el secreto.	330 335
Finea	Pues sabe que una vecina... ¿Óyenos alguien?	
Elena	No hay nadie.	
Finea	Que es una sabia Felicia, ha perfumado el papel con veinte borracherías, para que don Juan se case, dásele y no se lo digas, así Dios nos libre a entrambas.	 340

Elena	El secreto que me fías, haré escritorio del alma.	345
Finea	Pues adiós, que voy de prisa a ver aquel pajecillo, que me viste el otro día	

(Vase.)

                    hablar junto a cal de Francos.

Elena	¡Qué poco duran las dichas!,	350
	tornasol parece el bien,	
	que a cualquier parte la vista,	
	conforme la luz que toma	
	halla la color distinta.	
	¡Ay, Dios!, ¿por qué persevero	355
	en tal vida, en tal porfía,	
	por qué aguardo desengaños,	
	donde tantos me la quitan?	
	Cuando en mejor ocasión	
	a Triana me volvía,	360
	¿por qué me tuviste, amor,	
	con lágrimas y mentiras?	
	Qué mujer fui tan mudable,	
	pues no ha un hora que decía	
	don Juan, con alma traidora,	365
	que era yo su alma y vida.	
	Ojala fuera yo, que el mismo día	
	yo me matara si lo fuera mía.	

(Entran Pedro y Don Juan.)

Don Juan	No es posible sosegar.

Pedro	No es mucho teniendo amor;	370
	mata el desdén y el favor,	
	y todo, en fin, es perder	
	el seso por disparates.	
Don Juan	Elena mía.	
Elena	No trates	
	de hablarme, que no ha de ser	375
	esta vez, como hasta aquí.	
	Yo no digo que me iré,	
	sino que aquí me estaré,	
	a ver lo que haces de mí.	
	Yo quiero aguardar a ver	380
	tu casamiento, y te ruego,	
	porque importa a mi sosiego,	
	que hoy sea si puede Serafina	
	o por lo menos mañana,	
	que con dejarte casado,	385
	iré, don Juan, sin cuidado,	
	iré contenta a Triana.	
	Allí mi primo y mi tío,	
	si no han venido, vendrán;	
	poco me debes, don Juan,	390
	pues solo pasar el río,	
	por esa puente me debes	
	con este yerro fingido,	
	por quien vendida he sufrido	
	penas y trabajos breves.	395
	Que no fui a Lima por ti,	
	ni por barcos, horizontes,	
	pasé mares, subí montes,	
	ni hacienda, ni honor perdí.	
	Vuelvo con manos y pies,	400

	¿qué hay perdido?	
Don Juan	¿Qué es aquesto, Pedro amigo?	
Pedro	Es agua en cesto, humo, espuma y viento es, es un puñado de arenas, es cuando el austro se mueve, cielo que hace Sol y llueve, y es Luna menguante y llena; desde lo de la costilla, no tienen segura espalda, cual eres para giralda de la torre de Sevilla.	405 410
Don Juan	¿Hay tan estraña mudanza?, ¿aún no aguardarás un hora para mudarte, señora?	
Elena	¡Ay de mí, loca esperanza!	415
Don Juan	Mi bien, yo salí de aquí y de tus brazos también; ¿quién te ha mudado, mi bien, en cuanto de aquí salí?	
Elena	Menos mi bien, que no estoy para ser su bien, y advierta que es esta verdad tan cierta, que el testigo no le doy. En este papel tan tierno, como de aquel su cuidado, porque viene perfumado	420 425

	con pastillas del infierno.	
	Aquí le trujo la esclava	
	del serafín que visita,	
	pues está la retroescrita,	430
	¿para qué me la negaba?	
	Porque se ha de enamorar	
	con él, no le ha de leer,	
	ni yo, para no lo ser,	
	de quien quisiera matar	435
	con las manos y los dientes.	
Don Juan	Elena, si agora vengo	
	del campo, ¿qué culpa tengo	
	de esos locos accidentes?	
	Tener celos con razón,	440
	no es mucho, pero sin ella,	
	quien lo quisiere, atropella	
	con tal determinación.	
Elena	Dice este señor muy bien,	
	y Pedro dirá que es justo,	445
	y que no le den disgusto,	
	y yo lo diré también.	
	¿No es verdad, Pedro?	
Pedro	Señora,	
	no apruebo esa mansedumbre,	
	que callar con pesadumbre	450
	arguye traición traidora.	
	¿Qué importa que Serafina	
	haya escrito este papel?	
Elena	Ser moreno y moscatel	
	es un flamenco en la China;	455

	pero porque es necesario	
	que la historia se declare,	
	lo que de aquí resultare,	
	sabrá para otro ordinario.	
	Y solo por culpa mía	460
	le digo a más no poder,	
	que mal haya la mujer,	
	que de palabras se fía.	
Pedro	Espera un poco.	
Elena	No hay poco,	
	sino mucha rabia y pena.	465

(Vase.)

Don Juan	Yo pienso, Pedro, que Elena	
	pretende volverme loco.	
Pedro	No te espantes, si a sus manos	
	llegó este negro papel,	
	ya no blanco, pues lo es él	470
	de celos tan inhumanos	
	declárate que es morir	
	andar templando el humor	
	deste jumento de amor.	

(Salen Ricardo y Florencio.)

Ricardo	Esto le vengo a decir.	475
Florencio	Quedo, que está aquí don Juan.	
Ricardo	A vuestro padre buscaba.	

Don Juan	Que es señor lo que mandáis, que presumo que descansa.	
Ricardo	Señor don Juan, he pensado que notan en esta casa que hable a esta esclava vuestra, porque la malicia humana siempre piensa lo peor, y que con esto se cansa de mí el señor Don Fernando. Y es que si con ella hablaba, era para reducilla por bien o por amenazas que ante la justicia diga los días que ha que me falta. Porque un día me la hurtó un soldado, que engañada con casamiento y amores, la embarcó y la trujo a España. Ella porque a caso os mira, niega, mas no importa nada, que la verdad siempre vence.	480

485

490

495 |
| Don Juan | Y muchas veces se engañan los ojos, y puede ser que le parezca esta esclava a la que os llevó el soldado. | 500 |
| Ricardo | El nombre, el rostro y la habla, la ha de tener, sin ser ella. Yo bien pudiera sacarla, como lo haré, sin dinero, probando que es prenda hurtada; | 505 |

	pero por estar aquí,	
	y respetar vuestra casa,	
	daré el precio que costó.	510
Don Juan	Vuesa merced, su probanza	
	haga por allá, y no crea	
	que toda la plata indiana	
	será de Bárbara precio;	
	y en esto, pocas palabras,	515
	porque siento que me burlen.	
Ricardo	Todo lo que aquí se trata	
	es tan de veras, que presto	
	os lo dirá la probanza,	
	remitiendo a la justicia	520
	lo que no es justo a la espada.	
(Vase.)		
Pedro	¿Hay semejante maldad?	
Don Juan	Mi paciencia ha sido tanta,	
	porque he pensado, y es justo,	
	que como los años pasan,	525
	pensara este caballero	
	que esta es Bárbara, su esclava,	
	por el nombre y porque, a caso,	
	tendrá alguna semejanza	
	con la que en Indias tenía.	530
Pedro	Esa habrá sido la causa	
	de hablarla y de darte celos.	
Don Juan	Confieso que me los daba,	

	como Serafina a Elena,	
	mas dime qué haré.	
Pedro	Quitarla	535
	este necio pensamiento,	
	de que con ella te casas.	
Don Juan	¿Cómo?	
Pedro	Hablando y regalando,	
	y jurando que si hablas,	
	juras y regalas, no es	540
	mar, monte, ni tigre hircana,	
	sino mujer tierna, sola,	
	que oye, entiende y ama.	
Don Juan	Que desdichados amores,	
	cuando esto en Grecia pasara,	545
	no era mucho, pero es mucho	
	entre Sevilla y Triana,	
	temo su honor y mi vida.	

(Sale Fabio.)

Fabio	Si albricias, señor, me mandas,	
	sabrás las mejores nuevas	550
	que pudo esperar tu casa.	
Don Juan	Yo te las mando.	
Fabio	Han de ser	
	las que de tu mano aguardan	
	mi servicio y mi deseo.	

111

Don Juan	Di, presto.	
Fabio	Vino la plata,	555
	¿pudo ser más presto?	
Don Juan	¿No hay cartas?	
Fabio	Trujo la carta	
	Leonardo, y por las albricias	
	a Serafina, su hermana,	
	tu padre un diamante envía,	560
	y allá no sé qué se tratan	
	los dos.	
Don Juan	¿Y quién llevó el diamante?	
Fabio	Bárbara.	
Pedro	De toda España	
	será esta plata el remedio,	
	suplirá, señor, las faltas	565
	de las pasadas fortunas.	
Fabio	Las albricias que me mandas	
	no te han de costar dinero.	
Don Juan	¿Qué quieres?	
Fabio	Yo solo que vayas	
	y le pidas..., ¡ah, señor!	570
Don Juan	Di lo demás, ¿qué te paras?	
Fabio	Que con Bárbara me case,	

| | porque es india, aunque es esclava
y de gente principal. | |
|-----------|--|-----|
| Don Juan | Pedro, solo esto faltaba. | 575 |
| Pedro | Si quiere lo que tú quieres,
milagros son de su cara. | |
| Don Juan | ¿Hasla hablado? | |
| Fabio | Ayer la hablé,
y púsose como un nácar. | |
| Don Juan | Ahora bien, a hablarla voy. | 580 |
| Fabio | Vivas más por merced tanta
que un bando en ciudad pequeña. | |
| Don Juan | Hoy se juntan mis desgracias,
¿qué habrá que no me persiga? | |

(Vase.)

| Pedro | Brava mujer, Fabio. | |
| Fabio | Brava. | 585 |
| Pedro | Tuya pienso que será,
aunque el casamiento amansa. | |

(Vanse.)

(Sale Elena, Serafina y Finea.)

Serafina	Aquella ropa, Finea,	
	a Bárbara le darás,	
	y a tu señor le dirás	590
	que el rico diamante emplea	
	en sola mi voluntad.	
Elena	Y en vuestro merecimiento,	
	que aun le juzgo atrevimiento	
	si valiera una ciudad.	595
Serafina	¿Ya, Bárbara, no me ves?,	
	solíamos ser amigas.	
Elena	¡Ay, señora, no lo digas,	
	por tu vida!, que después	
	que vino a casa don Juan,	600
	mi señor, no tengo un punto	
	de descanso, porque junto	
	todo el trabajo me dan.	
	Piensas que la hacienda es poca,	
	todo es lavar, jabonar	605
	y almidonar, no hay lugar	
	para ponerme una toca.	
Serafina	Pues no se te echa de ver,	
	envidia tengo a tu aseo.	
Elena	Antes, si os veis, como os veo,	610
	de vós la podéis tener,	
	que si ya por él no fuera,	
	veros fuera mi placer.	
	¿Pero cómo os puedo ver,	
	si nunca veros quisiera?	615

Serafina	Eso que te cansa a ti, tuviera yo por regalo.	
Elena	Pues es para mí tan malo que vivo fuera de mí.	
Serafina	Yo, como quiero a don Juan, solo servirle deseo.	620
Elena	Yo también, mas siempre veo que pesadumbre me dan.	
Serafina	Poca tendrás, que ya está mi casamiento tratado; porque se ha desengañado Don Fernando de que ya es imposible volver al hábito que solía.	625
Elena	Deseando estoy el día que don Juan tenga mujer, para pidir libertad.	630
Serafina	Tú la tendrás, si yo puedo.	
Elena	Si vós os casáis, ya quedo libre, ¡ay, si fuese verdad!	635
Serafina	Ruégalo, Bárbara, a Dios, y aunque yo no lo merezca, siempre que ocasión se ofrezca de que estéis juntos los dos, dile alabanzas de mí.	640

Elena	¡Y cómo si las diré!
Serafina	Un vestido te daré.
Elena	Como eso espero de ti.
Serafina	Enamórale, que puede
	mucho una buena tercera. 645
Elena	Puesto que no lo estuviera,
	tengo de hacer que lo quede.
Serafina	Pues abrázame, y a Dios.
Elena	Él os guarde, Reina mía.

(Abrázanse.)

Serafina	¡Ay!, llegue Bárbara el día 650
	que estemos así los dos.

(Vase.)

Elena   Cansose la fortuna en perseguirme,
       que ya no tiene mayor mal que hacerme,
       qué necia he sido yo, por mujer firme,
       ¿qué puedo ya perder, sino el perderme?   655
       Vamos a donde salga a recibirme
       aquel traidor que acaba de venderme,
       que fundado en el gusto de engañarme
       por matarme no acaba de matarme.
       Entrando voy por esta casa agora,   660
       como quien sube pasos a la muerte,
       y a penas tiene ya de vida un hora,

　　　　　y en esa voy, dulce enemigo, a verte,
　　　　　este yerro de amor que el amor dora,
　　　　　esta crueldad de mi fineza advierte,　　　　　665
　　　　　esta será blasón para mi nombre,
　　　　　que ha de informar la ingratitud de un hombre.

(Sale Don Juan con gabán, como que se levanta, y Pedro.)

Don Juan　　　　Muestra ese espejo.

Pedro　　　　　¿A qué efecto,
　　　　　　　si está aquí Elena, señor?

Don Juan　　　　Con la tapa del rigor　　　　　670
　　　　　　　no será el cristal perfeto.

Pedro　　　　　Criados hay por aquí,
　　　　　　　mirad los dos cómo habláis,
　　　　　　　que celosos no miráis
　　　　　　　en que os miren.

Don Juan　　　　Es ansí,　　　　　675
　　　　　　　llega y ponme esta valona.

Elena　　　　　No quiero.

Don Juan　　　　Qué buena esclava.

Elena　　　　　Cuando lo fuera, no estaba
　　　　　　　obligada mi persona
　　　　　　　a llegaros a la cara,　　　　　680
　　　　　　　eso es de propria mujer,
　　　　　　　llamadla que lo ha de ser,
　　　　　　　que a mí me cuesta muy cara.

Don Juan	Huélgome de que lo niegues,	
	pues quedo como es razón,	685
	libre de la obligación.	
Elena	Que la escritura me entregues	
	aguardo.	
Don Juan	¿Cuál escritura?	
Elena	Esa de tu casamiento,	
	porque es el apartamiento	690
	que mi libertad procura.	
Don Juan	No, sino lo que Ricardo	
	dice que tiene de ti.	
Elena	¿Qué Ricardo?	
Don Juan	Vino aquí	
	ese tu amante gallardo,	695
	y dice que eres su esclava,	
	y que un soldado te hurtó,	
	y esto bien lo entiendo yo.	
Elena	Pues no, si tan claro estaba.	
Don Juan	¿Y cómo, si es invención	700
	que entre los dos se ha tratado	
	para irte sin cuidado	
	de mi padre y tu opinión?	
Elena	Cuando yo me quiera ir,	
	¿a dónde me han de buscar?	705

Don Juan	Pues yo me quiero vengar, que sé amar, y no fingir, llega, llega.
Elena	Si llegara, si en cada mano tuviera cinco puñales.
Pedro	Hiciera rallo tu cara. 710
Don Juan	Repara en la crueldad con que vienes.
Elena	Qué importa que te quitara la cara, pues te dejara una de las dos que tienes. 715
Pedro	Esta amistad quiere hacer.
Elena	Con este principio.
Pedro	Diome.
Elena	Eso el alcagüete tome mientras que le vuelvo a ver.

(Sale Don Fernando.)

Don Fernando	¿Qué es esto, Bárbara?
Elena	Ha dado 720 Pedro en requebrarme.

Don Fernando	Ha hecho muy bien.
Pedro	Estoyme burlando.
Elena	Conmigo se burla el necio.
Don Fernando	Don Juan, pues que ya estás vestido, esta mañana vinieron 725 Leonardo y el escribano, entra por tu vida adentro. Firmaremos la escritura, que los suyos y mis deudos han ido por Serafina, 730 tu mujer, porque en sabiendo que fue, por quien has dejado aquel intento primero, como ella propria me ha dicho, y que siendo tu deseo, 735 no tuve que preguntarte. Hicimos nuestro concierto, con el secreto que es justo; en fin, te casas sin suegro y con veinte mil ducados. 740
Don Juan	Agora señor, tan presto, mirémoslo más despacio.
Don Fernando	¡Por Dios, don Juan!, que no entiendo tu condición, ni casado, ni clérigo.
Don Juan	Yo no puedo 745

	dejar de serte obediente,	
	pero digo que pensemos	
	si acertamos más despacio.	
Don Fernando	¿Si acertamos, majadero?,	
	¿merecéis vós descalzar	750
	a Serafina?, ¿qué es esto?	
	Dejáis cinco mil ducados	
	por ella, y agora, necio,	
	queréis quitarme el juicio.	
	Entrad dentro.	
Don Juan	Voy. ¡Ay, Pedro!,	755
	quédate aquí con Elena.	
Pedro	Hablando de Elena quedo.	
Don Fernando	¡Ea!, Bárbara, esta casa	
	me poned como un espejo,	
	aderezad ese estrado.	760
	¿Tristeza?, ¿pues qué tenemos?,	
	¿qué cara es esa?, no habláis,	
	días ha, perra, que os veo	
	muy triste y muy entonada.	
	Vós pensáis que no os entiendo,	765
	érades ya la señora	
	y, con este casamiento,	
	os pesa que Serafina	
	a esta casa venga a serlo,	
	que desde que se trató,	770
	andáis que es vergüenza veros.	
	Estábades enseñada	
	a hombre solo, pues poneos	
	de lado, que tengo nuera,	

	que ha de tener el gobierno	775
	y las llaves de mi casa.	
	¿Pues que te parece, Pedro,	
	desta esclava?	

Pedro   Señor,
            tiene poco entendimiento.
            La mejor, cuando se emperra,   780
            tiene estos reveses, creo.

Don Fernando   Creo
               que la habremos de vender.

(Vase.)

Elena   ¿A dónde habrá sufrimiento
            para tan grandes fortunas?
            Ya no me bastaba, cielos,   785
            perder honra y opinión,
            sino pasar por desprecios
            de esclava, como si fuera
            verdad que lo soy, mas pienso
            que siempre lo fui, y el hombre   790
            que me ha perdido, es mi dueño.
            Pedro, ¿sabes tú quién soy?

Pedro   ¿Qué dices?

Elena   En algún sueño
            pensé que era de Triana
            una mujer que trujeron   795
            de México, allí, sus padres,
            su nombre, si bien me acuerdo,
            era doña Elena.

Pedro	Mira	
	que este triste pensamiento	
	te vuelve loca; no eres	800
	esclava, que amor te ha hecho	
	herrar el rostro.	
Elena	Es verdad;	
	si bien dices, amor tengo;	
	pero, ¿sin duda soy yo?,	
	¿sábeslo Pedro de cierto?	805
Pedro	¡Pues no, y como sí lo sé!,	
	y que el hierro que te han puesto	
	te agradece mi señor,	
	porque han mentido los celos	
	si te dicen que pretende	810
	ese injusto casamiento	
	de Serafina.	
Elena	¡Ah, traidor,	
	fementido, infame, perro!,	
	yo te quitaré la vida,	
	que, como fuiste el tercero	815
	de sus amores, me engañas.	
Pedro	Señora, envaina los dedos,	
	que me has deshecho la cara,	
	que se le antoje el pescuezo	
	a una preñada, está bien;	820
	muerda, pero no con celos.	

(Salen Leonardo y Finea, Serafina de la mano y deudos.)

Leonardo	¿Si habrá venido el notario?
Finea	Aquí están Bárbara y Pedro.
Serafina	¿Pero dónde está don Juan?
Pedro	Pienso que están allá dentro 825 él, su padre y el notario.
Serafina	Bárbara, no me hablas.
Elena	Vengo a aderezar los estrados y componer los asientos para los jueces, que hoy 830 han de sentenciar mi pleito.

(Salen Don Juan, Don Fernando, y el Notario.)

Notario	Solo resta que firméis, pues ya vino esta señora.
Don Fernando	Mi Serafina, en buen hora esta vuestra casa honréis. 835
Elena	¡Que pueda yo estar aquí!, ¿qué perdón del Rey espero, si llega el cordel primero?
Serafina	Señor, hoy tenéis de mí una esclava en vuestra casa. 840
Elena	Pues si ya esclava tenéis, ¿para qué a mi me queréis?

Pedro	Calla hasta ver lo que pasa.	
Elena	¿Cómo puedo yo callar?	
Pedro	Tú lo has de echar a perder.	845
Elena	¿Pues qué me falta de hacer, sino dejarlos casar?	
Don Fernando	Pedro, ¿qué dice esa esclava?	
Pedro	No sé qué pasión le dio de tantos berros que cenó si acaso en ellos estaba, cual suele algún amapelo.	850
Don Fernando	Pues calle o llévela allá.	
Notario	Sabed, señores, que está la ejecución, quiera el cielo, hecho por esta escritura, concierto de voluntad de entrambos.	855
Elena	¿Hay tal maldad?	
Pedro	Calla, sufre, ten cordura, ¿no ves que la están leyendo, y que la quieren firmar?	860
Elena	¿Qué me queda que esperar, Pedro, si me estoy muriendo?	

Pedro	Desde una reja miraba	
	un canónigo en Toledo	865
	una mula que sin miedo	
	de una peña en otra daba.	
	Para despeñarse, al río,	
	dábanse prisa al salir,	
	y él, sin cesar de reír,	870
	daba en aquel desvarío,	
	hasta verla despeñar,	
	pero viendo como un rayo	
	ir tras ella su lacayo,	
	volvió el placer en pesar,	875
	sabiendo que era la suya.	
	Y puesto, Elena, que sea	
	comparación baja, y sea	
	para la desgracia tuya,	
	parece que está don Juan	880
	viéndote andar por las peñas,	
	y que ha visto por las señas	
	que ya mis ojos le dan,	
	aunque el dolor disimula,	
	para dar voces dispuesto,	885
	señores, acudan presto	
	que se despeña mi mula.	
Elena	Pues ya me ha desconocido,	
	él me dejará caer.	
Pedro	Ya acabaron de leer.	890
Elena	Yo he de perder el sentido.	
Notario	Con este podéis firmar.	
	Quítasela y rómpela.	

Elena	Mas yo firmaré por él, que con rasgar el papel, me acabo de despeñar.	895
Don Fernando	Suelta la escritura, loca.	
Elena	Pues suélteme él a mí, por quien el seso perdí.	
Don Fernando	¡A qué dolor me provoca!	900
Don Juan	Temblando estoy; ¡si diré quién es!	
Notario	Toda la rompió.	
Don Fernando	Llevadla de aquí.	
Elena	Si yo soy loca, la culpa fue este traidor, que me ha dado la causa porque lo estoy.	905
(Sale Fabio.)		
Fabio	Esperad, que a decir voy, señores, que habéis entrado.	
Don Fernando	¿Qué es eso, Fabio?	
Fabio	Aquí están, señor, con un mandamiento, para que se deposite	910

	esta esclava.	
Don Fernando	Entre su dueño, sin los que vienen con él, que este no es día de pleitos, y es mucha descortesía.	915

(Salen Ricardo y Florencio.)

Ricardo	Yo vine aquí, no sabiendo esta ocupación, señores, y que perdonéis os ruego, que yo volveré otro día.	
Elena	Para que, si desde luego digo que mi dueño sois, y que como a tal os quiero, ¡ea!, vámonos de aquí, que cuanto decís, confieso. Que si negaba ser vuestra, fue la causa el amor ciego que en esta casa tenía, pero ya conozco el vuestro. ¡Ea!, ¿qué hacemos aquí?	920 925
Ricardo	Pues para que no entren dentro los que han venido conmigo, guardando el justo respeto, dadme, señores, licencia para que como su dueño lleve esta esclava a mi casa.	930 935
Don Juan	No pienso yo, caballero, que basta para llevarla	

| | que ella con el mucho exceso,
de la locura en que ha dado,
diga que es vuestra. | |
|---|---|---|
| Don Fernando | Sin esto. | 940 |
| | son cuatrocientos escudos
los que han de venir, primero
que la saquen desta casa. | |
| Ricardo | Si me la hurtaron, no tengo
obligación de pagarla.
Pésame de haberos puesto
demanda en esta ocasión;
pero esto tiene remedio,
depositándola en tanto
que averiguamos el pleito. | 945

950 |
| Don Juan | ¿Qué depósito mejor
se le puede dar que el nuestro? | |
| Ricardo | Eso no, mas por los dos,
la tendrá el señor Florencio. | |
| Elena | ¿Para qué?, si yo soy vuestra,
y lo digo y lo confieso,
y si en el dinero topa,
vénganlo luego a contar,
que el mismo en escudos tengo,
como lo dio Don Fernando. | 955

960 |
| Don Juan | Dejádmela hablar primero.
Oye a parte. | |
| Elena | ¿Que me quieres? | |

Don Juan	Elena, aunque estás sin seso,
	no igualas a mi locura,
	porque entre tantos estremos 965
	de confusión divertido,
	solo pensar me detengo,
	como guardando tu honor
	podemos hallar un medio
	para que lleguen al fin 970
	tu esperanza y mi deseo.
Elena	Oh, que gracioso letrado,
	preguntalde el cuento a Pedro
	del canónigo y su mula,
	que estáis muy despacio viendo 975
	que voy al profundo pico
	de la ingratitud que veo
	en vuestra crueldad, don Juan,
	de peña en peña cayendo.
	¡Ea!, vámonos de aquí, 980
	Ricardo ha de ser mi dueño,
	yo le daré posesión
	de mi alma y de mi pecho.
	Y tú, perro fementido,
	quedarás trocando el hierro, 985
	por infamia de los hombres,
	cobarde, vil caballero,
	mal parecido a tu padre,
	sino a quien...
Don Juan	Tente.
Elena	No quiero.

Don Juan	Tente, luz de aquestos ojos, mi bien, tente.	990
Don Fernando	¿Qué es aquello?, ¿ojos y bien a una esclava?	
Ricardo	Vamos, Bárbara.	
Don Juan	Teneos, que os engaña el parecerse a quien piensas.	995
Ricardo	Lo que pienso es que aquella esclava es mía.	
Don Juan	Mirad si el engaño es cierto, pues es mi mujer.	
Don Fernando	¿Quién?	
Elena	Yo.	
Don Fernando	¿Mujer una esclava?, perro, ¡oh, perro!, nunca viniera a mi casa, llevalda, señor, os ruego, llevalda, que yo os perdono los escudos.	1000
Elena	Paso quedo, que soy mejor que don Juan, que por agradecimiento de que dejase por mí, dignidad, padres y deudos, sabiendo que vós, airado,	1005

	por venganza o por desprecio,	1010
	queríades adoctar	
	por hijo y por heredero	
	de vuestra hacienda un esclavo,	
	desesperado consejo.	
	Hice que un criado mío	1015
	me vendiese, que este hierro	
	es fingido, como veis,	
	pues me lo quito tan presto.	
(Quítasele.)	Es doña Elena mi nombre,	
	vivo en Triana, no es tiempo	1020
	de cansar con relaciones	
	disculpas de caballeros,	
	que me tuvo por su esclava.	
	Y a esta señora le dejo	
	a don Juan, porque es muy justo.	1025
	Con que a Triana me vuelvo,	
	contenta de que he tenido	
	para ser valiente pecho,	
	esclava de su galán.	
Serafina	La acción que a casarme tengo,	1030
	señora, os doy por hazaña	
	de tanto valor.	
Don Fernando	Suspenso	
	de lo que mirando estoy,	
	digo que a don Juan le ruego,	
	la dé la mano y los brazos,	1035
	porque tan heroicos hechos	
	merecen premios mayores.	
Ricardo	Señores, oigan a Pedro.	

Don Juan   ¿Qué quieres decir?

Pedro   Que aquí,
                senado ilustre y discreto,   1040
                la esclava de su galán
                da fin a servicio vuestro.

                Fin de la comedia

Libros a la carta
A la carta es un servicio especializado para
empresas,
librerías,
bibliotecas,
editoriales
y centros de enseñanza;
y permite confeccionar libros que, por su formato y concepción, sirven a los propósitos más específicos de estas instituciones.
Las empresas nos encargan ediciones personalizadas para marketing editorial o para regalos institucionales. Y los interesados solicitan, a título personal, ediciones antiguas, o no disponibles en el mercado; y las acompañan con notas y comentarios críticos.
Las ediciones tienen como apoyo un libro de estilo con todo tipo de referencias sobre los criterios de tratamiento tipográfico aplicados a nuestros libros que puede ser consultado en Linkgua-ediciones.com.
Linkgua edita por encargo diferentes versiones de una misma obra con distintos tratamientos ortotipográficos (actualizaciones de carácter divulgativo de un clásico, o versiones estrictamente fieles a la edición original de referencia).
Este servicio de ediciones a la carta le permitirá, si usted se dedica a la enseñanza, tener una forma de hacer pública su interpretación de un texto y, sobre una versión digitalizada «base», usted podrá introducir interpretaciones del texto fuente. Es un tópico que los profesores denuncien en clase los desmanes de una edición, o vayan comentando errores de interpretación de un texto y esta es una solución útil a esa necesidad del mundo académico.
Asimismo publicamos de manera sistemática, en un mismo catálogo, tesis doctorales y actas de congresos académicos, que son distribuidas a través de nuestra Web.
El servicio de «libros a la carta» funciona de dos formas.
1. Tenemos un fondo de libros digitalizados que usted puede personalizar en tiradas de al menos cinco ejemplares. Estas personalizaciones pueden ser de todo tipo: añadir notas de clase para uso de un grupo de estu-

diantes, introducir logos corporativos para uso con fines de marketing empresarial, etc. etc.
2. Buscamos libros descatalogados de otras editoriales y los reeditamos en tiradas cortas a petición de un cliente.

www.ingramcontent.com/pod-product-compliance
Lightning Source LLC
Chambersburg PA
CBHW022118040426
42450CB00006B/749